Redes sociales y *marketing* 2.0. COMM092PO

José Antonio Berenguer Berenguer

ic editorial

Redes sociales y *marketing* 2.0. COMM092PO
© José Antonio Berenguer Berenguer

1ª Edición

© IC Editorial, 2024

Editado por: IC Editorial
c/ Cueva de Viera, 2, Local 3
Centro Negocios CADI
29200 Antequera (Málaga)
Teléfono: 952 70 60 04
Fax: 952 84 55 03
Correo electrónico: iceditorial@iceditorial.com
Internet: www.iceditorial.com

ISBN: 978-84-1184-495-6
Depósito Legal: MA 2773-2024

Impresión: PODiPrint
Impreso en Andalucía – España

Nota de la editorial: IC Editorial pertenece a Innovación y Cualificación S. L.

Especialidad formativa

Se entiende por especialidad formativa la agrupación de contenidos, competencias profesionales y especificaciones técnicas que responde a un conjunto de actividades de trabajo enmarcadas en una fase del proceso de producción y con funciones afines.

Las especialidades formativas de Uso General, Formación Complementaria, Formación Modular y las especialidades formativas dirigidas a la obtención de certificados de profesionalidad se incluyen en el Fichero de Especialidades del Servicio Público de Empleo Estatal para su gestión en todo el territorio nacional por cualquier Administración competente.

Las especialidades complementarias, pertenecen todas a la Familia profesional de Formación Complementaria (FCO) y tienen la consideración de formación transversal en áreas que se consideran prioritarias tanto en el marco de la Estrategia Europea para el Empleo y del Sistema Nacional de Empleo como en las directrices establecidas por la Unión Europea. Se consideran áreas prioritarias las relativas a tecnologías de la información y la comunicación, la prevención de riesgos laborales, la sensibilización en medio ambiente, la promoción de la igualdad, la orientación profesional y aquellas otras que se establezcan por la Administración competente.

Las especialidades de Certificado de profesionalidad tienen una duración especificada en su normativa reguladora.

En el resultado de la búsqueda, se muestran las unidades de competencia, todos los módulos formativos con su duración y las unidades formativas del certificado correspondiente, con su duración. Las horas del certificado, exclusivo de las especialidades de certificado de profesionalidad, con alta igual o superior a 2008, son las horas totales más las horas del módulo de Prácticas Profesionales no Laborales.

➲ **Si la especialidad tiene unidades formativas,** las horas totales, presencial, distancia, teleformación serán igual a la suma de esas horas de las unidades formativas de los distintos módulos, sin que se repita ninguna Unidad formativa.

⮕ **Si la especialidad no tiene unidades formativas,** las horas totales, presencial, distancia, teleformación serán igual a las sumas de esas horas de los módulos formativos, eliminando las horas de los módulos repetidos.

https://sede.sepe.gob.es/especialidadesformativas/RXBuscadorEFRED/BusquedaEspecialidades.do

(Fuente: Servicio Público de Empleo Estatal)

Índice

Unidad de Aprendizaje 4
Redes y web 2.0 (I)

Unidad de Aprendizaje 5
Redes sociales y web 2.0 (II)

OBJETIVO GENERAL

El objetivo general del **COMM092PO. Redes sociales y *marketing* 2.0**, es el siguiente:

➲ Diferenciar las características del entorno 2.0, la nueva comunicación *online* y el impacto de las redes sociales y todas las posibilidades que nos ofrecen para proyectar la imagen/marca a través de la web social. También gestionar la imagen de su empresa en internet a través de las redes sociales y adecuar los contenidos para internet, en base a las necesidades de los usuarios. Finalmente establecer objetivos de comunicación en redes sociales y elaborar un plan de comunicación y su implementación.

El protocolo en la empresa

Contenido

1. Introducción
2. Concepto de protocolo
3. Tipos de protocolo
4. Resumen

Objetivos

El objetivo general de esta Unidad de Aprendizaje es:

→ Determinar cómo hay que aplicar el protocolo en las diferentes situaciones y contextos.

Los objetivos específicos de esta Unidad de Aprendizaje son:

→ Definir el concepto de protocolo.

→ Describir los distintos tipos de protocolos que se implantan hoy en día.

→ Identificar qué aspectos relacionados con la empresa y el personal de la misma están determinados por el protocolo.

→ Determinar la utilidad y la importancia del protocolo empresarial en las organizaciones.

→ Detallar las normas que componen el protocolo en el mundo *online*.

1. Introducción

El protocolo es el **conjunto de normas que rigen el día a día,** siempre que haya interacción con otras personas o instituciones. Por eso, es importante tener en cuenta qué es exactamente el protocolo, en qué instituciones se lleva a cabo y cuáles son sus peculiaridades.

En esta unidad se tratará el concepto de protocolo, definiéndolo y analizando su significado, gracias al estudio de su origen. Además, se diferenciarán los distintos tipos de protocolo que existen hoy en día, para aportar una visión más amplia del mundo protocolario.

Por último, se profundizará en el concepto de protocolo empresarial, el más importante para las empresas, pues es ya un elemento indispensable de cualquier organización, independientemente del entorno en el que desarrolle su actividad. Así, se verán también las cualidades y valores que este tipo de protocolo aporta a una institución.

Para el desarrollo del contenido nos basaremos en el caso de María, una joven Graduada en *Marketing,* que se incorpora por primera vez al mundo laboral y va a trabajar en una agencia de publicidad.

2. Concepto de protocolo

 **HILO CONDUCTOR**

María es una joven Graduada en *Marketing* que va a empezar a trabajar para una conocida agencia de publicidad de su ciudad. Al ser su primer trabajo y, sobre todo, al ser su primer trabajo en una oficina como tal, está preocupada por el protocolo que ha de seguir. ¿Pero qué es exactamente el protocolo?

De manera general, el protocolo se define como un conjunto de condiciones legales y normas que rigen la celebración de los actos oficiales y de los actos privados, condicionado por las tradiciones y costumbres de la sociedad.

A grandes rasgos, el protocolo es el **conjunto de pautas básicas que se aconseja seguir** para llevar a cabo una correcta organización y desarrollo de un acto.

DEFINICIÓN

Protocolo
Es la regla ceremonial diplomática o palatina establecida por derecho o costumbre.

El protocolo se implanta entonces como resultado de una necesidad social, pues establece **cómo deben desarrollarse todos los actos importantes** que se llevan a cabo en la sociedad. Por tanto, la sociedad no se puede entender sin protocolo, ya que su aparición data del mismo momento en el que los individuos deben convivir en sociedad, relacionándose entre sí.

El protocolo rige todas las conductas de la sociedad.

NOTA

La primera vez que se tuvo constancia de las primeras normas de protocolo escritas fue en el año 1750 a. C., recogidas en el *Código de Hammurabi*.

SABÍAS QUE...

El origen de esta palabra proviene del latín, del vocablo *protocollum*. Aunque esta, a su vez, proviene del griego *protókollom*. Así, en sus orígenes, esta palabra hacía referencia a la primera hoja que aparecía al principio de un manuscrito, en la que había anotaciones referentes a su contenido y que le daban autenticidad al mismo.

Se pueden diferenciar tres **partes esenciales** que nacen del concepto de protocolo, tanto de las personas como de los símbolos:

Orden
- Es lo que determina la precedencia con respecto a los demás, es decir, el orden o jerarquía que ocupa alguien con respecto a otra persona, lo que permite que los actos no sean un caos.

Lugar
- Dependiendo del puesto que tiene la autoridad o el símbolo dentro del ordenamiento, o el protagonismo que deba tener en ese acto, se le situará en un lugar o en otro. De hecho, los espacios en los que se llevan a cabo los actos protocolarios tienen zonas más relevantes que otras.

Tratamiento
- Se debe tratar al resto como corresponde, como muestra de respeto y de reconocimiento del cargo que se ocupa o de la condecoración que se tenga otorgada, entre otros.

ACTIVIDAD COMPLEMENTARIA

1. Reflexiona sobre la importancia y la necesidad del protocolo en la sociedad. ¿Por qué crees que es necesario o no lo es? ¿Crees que funciona, que es útil?

3. Tipos de protocolo

☞ HILO CONDUCTOR

Antes de incorporarse al trabajo, María decide conocer más a fondo los distintos tipos de protocolo, así se asegura de comportarse correctamente en la empresa, puesto que ya ha dejado atrás la etapa universitaria y quiere empezar con buen pie en esta nueva etapa de su vida.

Dado que el concepto de protocolo está presente en todas las áreas en las que se desarrolla cualquier actividad social, es necesario entender y reconocer que hay distintos tipos de protocolos, en función del ámbito en el que se van a aplicar las normas establecidas.

A priori, existen los siguientes **tipos de protocolo,** todos ellos con unas características bien diferenciadas y con un grado de exigencia mayor o menor:

Protocolo empresarial | Protocolo diplomático e internacional | Protocolo social
Protocolo deportivo | Protocolo universitario | Protocolo eclesiástico

3.1. Protocolo empresarial

El protocolo empresarial es el que rige las normas de actuación dentro de una empresa.

De manera más específica se puede definir como el código tácito que define la **manera de interactuar con los distintos miembros de una empresa,** cuyos antecedentes se encuentran en su cultura, y que marca las pautas en relación a los siguientes aspectos:

> Estilo de comunicación

> Imagen y presentación personal

> Respeto a la jerarquía

> Cortesía telefónica

> Manejo de la red y de las herramientas de trabajo

👁 EJEMPLO

El protocolo empresarial establece en algunas empresas la ropa que deben llevar los empleados. Son muchos los casos en los que se han de recurrir a uniformes o a una ropa especial.

3.2. Protocolo diplomático e internacional

Tanto el protocolo diplomático como el internacional responden al comportamiento que se desarrolla en una **esfera de la sociedad más elevada,** esa que tiene que ver con los estados y autoridades.

Por tanto, se entienden estos del siguiente modo:

Protocolo diplomático	Protocolo internacional
- Conjunto de normas específicas que regulan, canalizan y estructuran tanto la comunicación como los actos oficiales entre los estados y las autoridades encargadas de representarlos. Este protocolo también regula todas las actividades que se llevan a cabo por el servicio exterior de un país o una organización internacional.	- Es el encargado de regular la ordenación de otros estados y de las organizaciones internacionales. Además, establece las normas de comportamiento social que deben respetarse para establecer contactos sociales o de negocios entre personas que provienen de distintas culturas y tradiciones.

3.3. Protocolo social

El protocolo social es el más común, es el que todo el mundo tiene interiorizado y el que se conoce casi a la perfección sin apenas haber reparado en él.

 **EJEMPLO**

Por ejemplo, dar la mano o dos besos a alguien que se acaba de conocer es un acto casi rutinario que está dentro del protocolo social.

Se puede definir como el **conjunto de normas** que hacen referencia al "saber estar" de los individuos, y que, aunque no son de obligado cumplimiento, se aplican en todos los **eventos y acontecimientos sociales.** De hecho, todos los participantes que forman parte de dicho evento o acontecimiento aceptan y siguen esas normas.

El protocolo social también se cumple en los actos de empresa.

3.4. Protocolo deportivo

El protocolo deportivo es el relacionado con el **deporte y todos los actos que tienen lugar alrededor** del mismo. Este protocolo es el conjunto de normas establecidas con las que se pretende armonizar y lograr que convivan todos los asistentes y entidades de manera acorde, pudiendo llegar a un consenso de comportamientos y actuaciones en beneficio del evento.

El protocolo deportivo también hace referencia a las celebraciones de los actos deportivos, su organización y todo lo que ello conlleva.
(© Fotografía: De Visu / Shutterstock.com)

3.5. Protocolo universitario

Como su propio nombre indica, el protocolo universitario es el que pertenece a la esfera del ámbito universitario; todo lo relacionado con clases, profesores y facultades. Así, el protocolo universitario puede definirse, en palabras de Dolores del Mar Sánchez, experta en Historia del Ceremonial y del Protocolo, como la "guía procedimental que establece cuál es el orden de celebración de un acto o evento en la universidad".

Gracias al protocolo universitario se establecen algunas **pautas de conducta y comportamiento,** especialmente aquellas que tienen que ver con las muestras de respeto jerárquicas.

El protocolo universitario también hace referencia al comportamiento y la vestimenta que se debe tener en las aulas.

3.6. Protocolo eclesiástico

Otro de los protocolos más comunes y conocidos es el protocolo eclesiástico, aquel que está relacionado con las instituciones religiosas y sus actos.

De manera más concreta, el protocolo eclesiástico lo conforman las normas que rigen todos los **actos y celebraciones litúrgicas.** Es uno de los protocolos más rigurosos y se sigue de manera estricta desde que se implantó hace ya siglos.

El protocolo eclesiástico está presente en todas las religiones.

 ## ACTIVIDAD COMPLEMENTARIA

2. Escoge tres tipos de protocolo y pon un ejemplo de cada uno de ellos. ¿En qué situación se aplican esos protocolos y cómo se refleja? ¿Has respetado y seguido en alguna ocasión alguno de ellos?

- -

 ## TAREA 1

Laura es la directora de comunicación de una empresa y se le ha pedido que les haga a sus trabajadores una breve formación sobre protocolo, centrándose sobre todo en el protocolo empresarial. Es el momento de preparar la información que les va a dar, por lo que para ello ha decidido que, primero, dará una breve introducción sobre el concepto de protocolo, explicando los distintos tipos que existen (para que así los compañeros tengan una base y entiendan bien todos los conceptos) y, finalmente, les hablará más detalladamente sobre el protocolo empresarial.

Es el momento de empezar a redactar la información. En base a esto, indica qué información deberá aportar Laura, definiendo qué es el protocolo y qué tipos de protocolo hay. Deberás hacer especial hincapié en el protocolo empresarial, identificando los aspectos relacionados con la empresa y el personal de la misma que están determinados por el protocolo.

- -

[19]

4. Protocolo en la empresa

 HILO CONDUCTOR

Ahora sí, María ha dado con el protocolo que más le interesa y el que más le va a ayudar. ¿Qué normas recogerá exactamente este protocolo? ¿Por qué es importante para su empresa?

Está nerviosa, ¿lo aplicarán rigurosamente los demás compañeros?

Como has visto, existen diferentes tipos de protocolo, cada uno de ellos con sus propias características.

A continuación, se abordará de manera más amplia el concepto de protocolo en la empresa o protocolo empresarial.

DEFINICIÓN

Protocolo empresarial
Reglas sociales y formales que tienen que ser cumplidas en una empresa. Dichas reglas conforman las pautas y los límites en los que se mueve la compañía en la que se aplican.

Es importante tener en cuenta que el protocolo en la empresa no solo regula el comportamiento interno, sino también el comportamiento que se ha de tener hacia el exterior. Es decir, al final de cuentas regula todo el **comportamiento que tenga que ver con la empresa,** indistintamente de hacia quién o qué vaya dirigido.

IMPORTANTE

Gracias al protocolo se fijan unas normas de convivencia que afectan a los empleados y unos criterios de comunicación también de puertas para afuera.

De este modo, los protocolos empresariales son muy útiles y necesarios en las empresas porque **ayudan a planificar, desarrollar y controlar** todas las acciones que se llevan a cabo, las cuales irán siempre enmarcadas en unos rasgos comunes.

4.1. ¿Para qué sirve el protocolo empresarial?

El protocolo empresarial presenta una serie de utilidades para la empresa, que le ayudarán a alcanzar los siguientes objetivos:

De manera resumida, estas son las **utilidades** que presenta hoy en día el protocolo empresarial:

Organización
- El protocolo hoy en día supone un componente de organización imprescindible para la empresa, ya que se convierte en la herramienta que permite ordenar todas las relaciones sociales de la empresa, de los empleados y de los directivos.

Adaptación
- El protocolo sirve para ayudar a quien llega nuevo a una empresa, ya que le da las pautas a seguir para que pueda adaptarse e integrarse en la organización. Además, le ayuda a saber tratar a los superiores y al resto de compañeros.

Normas
- En las normas del protocolo empresarial también se hace referencia a las normas de etiqueta o vestimenta. Entre otras, también recoge las normas y pautas que deben seguirse en otros actos o eventos, como las visitas de autoridades o los almuerzos de empresa.

Anfitrión
- Este protocolo tiene como objetivo convertir en un correcto anfitrión a los responsables o asistentes de cualquier evento, siguiendo unas reglas mínimas de cortesía.

Calidad
- El protocolo empresarial sirve para generar imagen de marca y también ayuda a ofrecer, tanto a trabajadores como a consumidores, un plus de calidad que se ve reflejado en los detalles del protocolo.

En definitiva, el protocolo es muy importante en una empresa porque aporta una serie de **valores** que son esenciales, como son:

Imagen
- Sirve para que, a través de los distintos actos protocolarios, se difunda una buena imagen de la empresa.

Continúa en página siguiente >>

<< Viene de página anterior

Proyección
- Ayuda a que la empresa consiga una mayor proyección social.

Comunicación
- Ayuda a comunicar de manera eficaz los mensajes de la empresa.

Procedimiento
- Instaura todas las normas y técnicas relacionadas con la organización de la compañía, en todos sus aspectos y niveles.

Rentabilidad
- Al haber unas pautas de organización seguidas por todos los componentes de la empresa, se consigue optimizar cada tarea y, por tanto, se incrementan los beneficios.

Prestigio
- Favorece la proyección de una imagen de la empresa favorable, otorgándole, por tanto, un mayor prestigio a la misma.

Has de tener en cuenta también que el protocolo empresarial se encuentra en todas las empresas y organizaciones. ¿A quién y cuándo se aplica?

4.2. El protocolo empresarial en el medio *online*

Hoy en día es difícil encontrar una empresa que no esté en internet; sobre todo es difícil encontrar una empresa que trabaje su *marketing* y que no esté en internet. Esto ha provocado, irrevocablemente, que sea necesario también contar con un protocolo empresarial dedicado, especialmente, al mundo *online*.

Este protocolo empresarial que **rige las normas de la web 2.0** ya está instaurado como tal, y se conoce como **Netiqueta.**

En el mundo online también es necesario seguir unas determinadas reglas de comportamiento.

 ## SABÍAS QUE...

Netiqueta es el término acuñado en español. En realidad, el término original es *Netiquette* y proviene de unir las palabras "network" y "etiquette".

La Netiqueta es un decálogo en el que se recogen las 10 **normas básicas que controlan el comportamiento en internet.** Estas normas de comportamiento son las siguientes:

1. Buena educación

– Aunque en internet seas anónimo, debes tratar al resto de usuarios con respeto. Hay que medir muy bien las palabras que se dicen.

2. Compórtate como en la vida real

– En este caso, las reglas del protocolo social también deben aplicarse a la red. Por tanto, has de comportarte tal y como lo harías en la vida real.

<< Viene de página anterior

3. Conoce en qué lugar del ciberespacio estás

– Es necesario que, antes de hablar o interactuar en un sitio web, sepas muy bien en qué lugar estás para conocer primero las normas de ese sitio web y adaptarte a ellas.

4. Respeta el tiempo y el ancho de banda de los demás

– No envíes cosas que no tengan importancia. Intenta siempre que la información que compartas con los demás sea relevante y breve: no hagas perder el tiempo a los demás.

5. Cuida tu forma de escribir

– Aunque estés en internet, la forma de escribir es muy importante. Haz uso de una buena redacción y no cometas faltas de ortografía. Sé coherente y no distorsiones la información que transmites. Intenta, también, evitar el lenguaje ofensivo y utiliza un lenguaje amable.

6. Comparte el conocimiento de otros expertos

– No solo compartas tu conocimiento, comparte también el de otros expertos que pueda ser interesante para los demás.

7. Ayuda a mantener las controversias bajo control

– Intenta mantenerte fuera de las discusiones, sé prudente a la hora de escribir y de opinar, y siéntete muy seguro de lo que vas a escribir antes de hacerlo.

8. Respeta la privacidad de los demás

– Respeta los datos personales de los demás usuarios. Asimismo, no invadas su privacidad leyendo sus correos o mirando sus archivos.

9. No abuses de tus ventajas

– Si tienes ventajas frente a los demás usuarios, como conocimientos exclusivos o acceso a distintos sistemas, no te aproveches de ello.

Continúa en página siguiente >>

<< Viene de página anterior

10. Perdona los errores de otros

– Has de tener claro que todo el mundo comete errores y puede equivocarse. No juzgues a alguien cuando se equivoque: trata de ayudarle y corregirle desde el respeto.

Si los encargados de comunicación en las redes sociales de las empresas no son capaces de cumplir estas normas o entran en el juego de quienes las incumplen, pueden llegar a una **crisis de reputación,** lo cual puede perjudicar muy negativamente a esa compañía en cuestión.

 PARA SABER MÁS

Accede al siguiente enlace en el que se describen más detalladamente las reglas de la Netiqueta.

https://redirectoronline.com/comm092po0101

 ACTIVIDAD COMPLEMENTARIA

3. Reflexiona sobre los actos protocolarios que has realizado en tu vida *online,* quizá sin ser consciente de haberlo hecho. Describe alguno de ellos e indica cómo has aplicado el protocolo.

TAREA 2

Laura es la directora de comunicación de la empresa Jairut y la que se ha estado encargando de los aspectos relacionados con el protocolo en la misma. Hoy ha tenido una reunión con el departamento de comunicación *online* y ha compartido con ellos las normas que deben seguir para comportarse adecuadamente en internet.

¿Qué aporta el protocolo a la empresa? ¿Por qué es tan importante? ¿Cuáles son estas normas que Laura trata y de dónde surgen?

Determina la utilidad y la importancia del protocolo empresarial en la organización, así como las normas que determinan el protocolo en el mundo *online*.

APLICACIÓN PRÁCTICA

Roberto es el trabajador de una empresa de informática y tiene reuniones todos los días con diferentes clientes.

Indica cuándo ha de aplicar el protocolo empresarial.

Solución

El protocolo empresarial se debe aplicar siempre, independientemente de las veces que se haya tratado con un cliente, ya que este protocolo responde a las relaciones que haya tanto internamente como hacia el exterior y, por tanto, siempre ha de mantenerse.

5. Resumen

El protocolo es un concepto que, casi sin ser conscientes de ello, **guía el comportamiento y actitudes** en cualquier situación. De manera casi inconsciente, se actúa, se viste o se habla de una manera u otra, en función de con quién o dónde se esté.

Esto hace necesario distinguir y comprender los diferentes **tipos de protocolo** que existen, que son los siguientes:

Protocolo empresarial

Protocolo diplomático e internacional

Protocolo social

Protocolo deportivo

Protocolo universitario

Protocolo eclesiástico

Entre ellos, destaca el **protocolo empresarial,** el cual está presente en todas las organizaciones y empresas, teniendo rasgos y pautas comunes, y otras impuestas por la propia empresa.

Este protocolo, además de servir como punto de partida y de organización para los trabajadores, también aporta a la empresa unas utilidades y valores muy importantes, que tienen que ver con la imagen de marca, con la calidad o con el rendimiento.

Los aspectos que rige el protocolo en la empresa son:

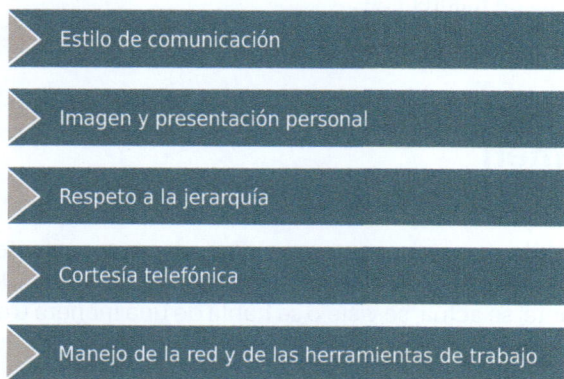

Estilo de comunicación

Imagen y presentación personal

Respeto a la jerarquía

Cortesía telefónica

Manejo de la red y de las herramientas de trabajo

Asimismo, hoy en día las empresas realizan cada vez más su actividad en entornos *online,* por lo que dentro de su protocolo han de tener en cuenta también el **protocolo en el mundo *online.*** Este protocolo es muy similar al protocolo social, y ya está establecido, pues sus normas se recogen en la denominada **Netiqueta.**

Ejercicios de autoevaluación
Unidad de Aprendizaje 1

1. ¿Qué tipos de protocolo hay?

    a. Empresarial y diplomático.
    b. Social y deportivo.
    c. Universitario y eclesiástico.
    d. Formal e informal.

2. El protocolo que responde al comportamiento que se desarrolla en una esfera de la sociedad más elevada es...

    a. ... el protocolo social.
    b. ... el protocolo empresarial.
    c. ... el protocolo eclesiástico.
    d. ... el protocolo diplomático.

3. La Netiqueta surge de las palabras:

    a. Etiquette y *New*.
    b. Navegar y *etiquette*.
    c. *Network* y *etiquette*.
    d. No proviene de más palabras.

4. El protocolo social, ¿se aplica siempre conscientemente?

    a. Sí, hay que conocer las normas que lo rigen.
    b. Sí, siendo de obligado cumplimiento en cualquier evento.
    c. No, está interiorizado y se sigue muchas veces sin haber reparado en él.
    d. No, las autoridades, que son quienes lo aplican exclusivamente en eventos de estado lo siguen por costumbre, aun de forma inconsciente.

5. El protocolo es...

    a. ... un conjunto de normas dispuestas aleatoriamente.
    b. ... un conjunto de actuaciones personales. Cada uno elige el que quiera seguir.
    c. ... un conjunto de pautas básicas que se aconseja seguir para una correcta organización y desarrollo de un acto.
    d. ... algo obsoleto. En la actualidad ya no hay protocolo.

6. ¿Cuáles son las partes esenciales del protocolo?

    a. Orden y lugar.
    b. Orden, alfabeto y lugar.
    c. Tratamiento, normas y administración.
    d. Tratamiento, orden y lugar.

7. El protocolo empresarial, ¿solo hace referencia a la jerarquía?

    a. Sí, establece la forma de interactuar en función de la jerarquía de la empresa.
    b. No, también hace referencia al estilo de comunicación.
    c. No, también hace referencia a la imagen y presentación personal.
    d. Sí, establece cómo debe tratarse a los altos mandos de la compañía.

8. ¿Cuándo se aplica el protocolo deportivo?

    a. Nunca, porque no existe ese protocolo.
    b. Solo en el fútbol.
    c. Solo cuando se está desarrollando el partido o juego como tal.
    d. En cualquier deporte, durante el acto deportivo y todos los actos que se celebran alrededor de mismo.

9. ¿Quién o quiénes han de aplicar el protocolo universitario?

    a. Nadie.
    b. Solo el alumnado.
    c. Solo el profesorado.
    d. Todo aquel que forme parte de una institución universitaria (profesores, alumnos, catedráticos...).

10. Una de las normas de la Netiqueta es:

    a. Cuidar tu forma de escribir en internet.
    b. Respetar la privacidad de los demás.
    c. Perdonar los errores de otros.
    d. Todas las opciones son correctas.

Relaciones públicas y *marketing*

Contenido

1. Introducción
2. Introducción a la publicidad actual
3. La publicidad y la web
4. El *marketing* unidireccional de la interrupción
5. Antiguas normas del *marketing*
6. Las relaciones públicas y la prensa
7. Antiguas normas de las relaciones públicas
8. Nuevas normas del *marketing* y de las relaciones públicas
9. Resumen

Objetivos

El objetivo general de esta Unidad de Aprendizaje es:

→ Analizar la evolución del *marketing* y de su relación con las relaciones públicas a lo largo del tiempo.

Los objetivos específicos de esta Unidad de Aprendizaje son:

→ Relacionar las relaciones públicas y el *marketing*.

→ Identificar las distintas etapas evolutivas de la publicidad.

→ Relacionar la publicidad con internet.

→ Enumerar las herramientas de las que se sirve la publicidad en internet.

→ Describir el *marketing* tradicional o unidireccional.

→ Identificar las antiguas normas que regían el *marketing* y las relaciones públicas.

→ Especificar la relación de las relaciones públicas con la prensa, detallando las herramientas de las que pueden hacer uso.

→ Identificar las nuevas normas que se siguen en *marketing* y relaciones públicas.

→ Resumir el Manifiesto Cluetrain.

1. Introducción

El *marketing* se ha convertido hoy en día en una pieza fundamental en cualquier empresa. Darse a conocer, lograr un **buen posicionamiento y una buena imagen** en la opinión pública, son objetivos cada vez más ansiados por todas las empresas.

Para ello, el *marketing* hace uso de distintas herramientas y disciplinas, como las relaciones públicas, que le servirán para conseguir dichos objetivos.

A lo largo de esta unidad se explicará la relación que hay entre el *marketing* y las **relaciones públicas,** ya que de esta relación saldrán adelante las posteriores **estrategias de comunicación** de las empresas. Además, se hará un recorrido por la evolución de la publicidad y de su irrupción en el mundo de internet, así como de la evolución del *marketing* y sus antiguas normas.

Por su parte, también se detallará la relación que han tenido y siguen teniendo las relaciones públicas con la prensa, y cuáles son las herramientas que esta utiliza. Del mismo modo, se explicarán las antiguas normas que seguían las relaciones públicas, algo que ha evolucionado considerablemente a día de hoy.

Por último, se hablará del Manifiesto Cluetrain; un manifiesto que recoge las nuevas normas del *marketing* y de las relaciones públicas, y que tienen muy en cuenta las empresas para saber actuar en estos nuevos escenarios y conseguir buenas relaciones con su público objetivo.

Para el desarrollo de este contenido nos basaremos en el caso de María, una joven Graduada en *Marketing* que se incorpora por primera vez al mundo laboral y va a trabajar en una agencia de publicidad.

2. Introducción a la publicidad actual

☞ **HILO CONDUCTOR**

Al empezar en su nueva empresa, a María le han designado para formar parte del equipo de relaciones públicas. Pero tiene algo de dudas, dado que ella ha estudiado *marketing...*

¿Hay alguna relación entre el *marketing* y las relaciones públicas? ¿Cómo se retroalimentan? ¿Qué pueden aportar sus conocimientos sobre el *marketing* en un departamento como este?

Para poder entender el concepto de publicidad es necesario, primero, entender y diferenciar tanto las **relaciones públicas como el *marketing*.**

Ambos conceptos son los **pilares básicos de cualquier estrategia de comunicación** y todo lo que ella concierne y, aun siendo materias que *a priori* no se relacionan, en la práctica coexisten y trabajan de la mano.

Marketing	Relaciones públicas
- Conjunto de estrategias empleadas para la comercialización de un producto y para estimular su demanda.	- Es la actividad profesional cuyo fin es, mediante gestiones personales o con el empleo de técnicas de difusión y comunicación, informar sobre personas, empresas, instituciones, etc., tratando de prestigiarlas y de captar voluntades a su favor.

Así pues, una buena estrategia de comunicación incluirá herramientas tanto de *marketing* como de relaciones públicas, ya que las dos utilizan la mayoría de elementos de la comunicación. Aunque cabe destacar que ambas áreas no tienen los mismos objetivos.

De hecho, la primera diferencia que se puede encontrar entre ambas disciplinas es la **finalidad** que tienen:

Marketing
- Atacar los sentidos del espectador.
- Generar deseo de compra.

Relaciones públicas
- Posicionar una marca.
- Cambiar la percepción que se tiene de ella.

Aunque sean disciplinas que trabajan juntas, *a priori* la finalidad de cada una es distinta: una aboga por las ventas, mientras que la otra busca una buena percepción.

 ## APLICACIÓN PRÁCTICA

Ricardo es el director de *marketing* de una empresa y uno de sus clientes le ha pedido que lo que quiere es, sobre todo, aumentar el número de ventas de sus productos. ¿Cuál es la principal disciplina que debe seguir en su plan?

Solución

La principal disciplina que debe seguir es la de *marketing*, ya que esta es la que tiene como objetivo principal aumentar el número de ventas y es lo que le ha pedido el cliente.

Se entiende que en el *marketing* el objetivo principal (y sería una señal de éxito) es generar ventas y, para ello, entre otras cosas, se utilizan técnicas tan comunes como la compra de espacios publicitarios, con la intención de tener un canal por el que ofrecer mejor lo que se vende.

Por su parte, las estrategias de comunicación que tienen como base las relaciones públicas tienen como objetivo crear una percepción positiva de las marcas que representa. Por ejemplo, una acción que representa este tipo de estrategia, al contrario que la nombrada en *marketing*, es que un experto hable de los beneficios que tiene eso que se vende, lo que le otorga un mayor grado de credibilidad.

De ese modo, la evolución que han tenido ambas ramas ha dado paso a estrategias de comunicación más completas, en las que se permite aunar distintos objetivos en beneficio del cliente o de la marca.

3. La publicidad y la web

☞ HILO CONDUCTOR

Una vez solventadas sus dudas y entendiendo que las relaciones públicas y el *marketing* tienen una relación muy estrecha, le encargan su primer trabajo: necesitan ayuda para pensar una estrategia de comunicación para un cliente de la empresa.

Esta estrategia de comunicación deberá estar basada en distintos pilares, uno de ellos es la publicidad en la web.

Si bien es cierto que hoy en día es habitual ver publicidad en internet –desde páginas web a redes sociales–, hay que conocer el **nacimiento de la misma y su evolución** para entenderla como se entiende actualmente.

Son varios los expertos, como Wells, que afirman que la publicidad moderna se remonta a la invención de la imprenta, en el siglo XVIII.

A continuación, se describe cómo ha ido evolucionando la publicidad de cada época:

- **Siglo XVIII.** Según muchos autores, la publicidad moderna se remonta a la invención de la imprenta, cuando empiezan a surgir los periódicos (siglo XVIII) y, con ellos, los primeros anuncios comerciales. Es en ese momento cuando aparece el término de "publicidad".
- **Siglo XIX.** Posteriormente, estalla la revolución industrial y, por tanto, la producción de manera masiva de productos de consumo, lo que hizo aparecer la necesidad de buscar nuevos sistemas de publicidad que ayudaran a impulsar la venta de estos productos. Es en el siglo siguiente, XIX, cuando se crean las primeras agencias de publicidad y así, poco a poco, van apareciendo los primeros textos publicitarios. Todo esto va en aumento con el acompañamiento de la tecnología y los medios de comunicación, quienes, gracias a su desarrollo y a su posibilidad de masificación, se convierten en los aliados perfectos de la publicidad moderna. En el siglo XIX surge la conocida "Era Creativa", con la aparición de las agencias de publicidad, que consiguieron hacer de esta disciplina una profesión.
- **Siglo XX.** Poco a poco este concepto se fue especializando y se fue orientando más al público, dejando un poco de lado el único objetivo de vender y entendiendo al público, al consumidor, como una parte importante

del proceso. Por tanto, en la década de los 70, ya en el siglo XX, surge la denominada "era de la responsabilidad", en la que se empieza a hacer investigación de mercados y medición de resultados.

Fue en la década de los 90 cuando se hizo latente la necesidad de que la publicidad mostrara su valor, que se identificara como algo único. Así, junto a esta necesidad y el nacimiento de internet y de otros medios electrónicos, se desarrollaron unas formas más personalizadas, íntimas e interactivas de publicidad. Se trata de crear mensajes más adecuados para el público; mensajes que conecten más con los receptores de la publicidad. Esto es posible gracias al estudio y a la implantación en la publicidad de distintas disciplinas como la psicología, la sociología o la economía, entre otras.

Siglo XVIII	Siglo XIX	Siglo XX
- Se inventa la imprenta y aparecen los periódicos. - Nace el término publicidad.	- Era creativa. - Primeras agencias de publicidad. Se hace profesión.	- Era de la responsabilidad. - Investigación de mercados y medición de resultados.

3.1. Evolución de la publicidad en la web

Es con la aparición de la denominada **web 1.0** cuando la publicidad da un salto y se instala en este nuevo medio. Aunque es cierto que, al principio, la publicidad en este tipo de web era más bien escasa, ya que todavía no se permitía al usuario interactuar con dichas páginas.

Aquí el diseño publicitario es más simple y sencillo.

En la web 1.0 comienza a desarrollarse la publicidad online, pero esta es unidi-reccional, sin posibilidad de que el usuario interactúe.

 **DEFINICIÓN**

Web 1.0

Es la web primitiva, la primera que apareció, y se caracteriza por ser unidi-reccional. Se realizaba sobre contenidos estáticos y no se podía actualizar. De hecho, las primeras páginas web solo tenían contenidos de texto que, si una vez subidos se querían actualizar, los *webmaster* debían volver a subir toda la web a internet con los contenidos ya modificados. El carácter de esta web era principalmente divulgativo.

Más adelante, con la llegada de la **web 2.0** la publicidad empieza a encon-trar un espacio más abierto e interesante en el que moverse. En esta nueva web aumenta el número de usuarios en internet, así como su interacción, por lo que se convierte en un medio ideal para los fines publicitarios.

 **DEFINICIÓN**

Web 2.0

Esta es la evolución de la web 1.0, la cual surge con la mejora de las conexiones a internet y de las herramientas para el desarrollo web, entre otras. Es conocida como la "red social", ya que su carácter colaborativo hace que se desarrollen en ella los blogs y demás redes sociales.

La llegada de las **redes sociales, los blogs, los foros o *wikis*** pone frente a los publicistas una nueva manera de llegar a los consumidores y conectar con ellos. Además, es en este periodo cuando se crean **diseños más elaborados y de manera más recurrente**: ahora se puede ver publicidad antes de ver algún vídeo, entre canción y canción, entre dos titulares en prensa digital, etc.

La web 2.0 ha supuesto un gran impacto en la manera en que las empresas ahora quieren publicitarse.

3.2. ¿Cómo se puede hacer publicidad en la web?

Después de ver la evolución que han tenido tanto la publicidad como la web, es necesario mostrar las maneras que existen hoy en día de hacer **publicidad en la web.** Son las siguientes:

- **Publicidad en buscadores.** Es la conocida como publicidad SEM *(Search Engine Marketing)* o *marketing* en motores de búsqueda. Esta se lleva a cabo sobre todo en *Google.* Este tipo de publicidad sirve para mejorar el posicionamiento de tu sitio web gracias a publicidad pagada.
- **Publicidad en RRSS.** Otro tipo de publicidad que cada vez está más de moda es la publicidad en redes sociales, pues el gran número de usuarios activos que tiene hace de ellas un medio más que necesario para la publicidad. La publicidad en redes sociales puede ser a través de *Facebook, X* o *Instagram,* entre muchas otras.
- **Banners.** Los *banners* quizás sean la forma de publicidad más común y conocida, ya que fueron los primeros anuncios que se implementaron en la web. Este tipo de publicidad consiste en colocar un anuncio en distintos formatos, tamaños y diseños dentro de una página web. El fin de los *banners* es que los usuarios que hagan clic en él serán dirigidos a la página de destino que elijas.
- **Pop-up.** Otra de las formas de publicidad más conocidas son los *pop-up,* también llamadas ventanas emergentes; son esas ventanas que aparecen al abrir un sitio web. Ahora este recurso se utiliza para invitar a los usuarios a que se registren, se suscriban o dejen su correo electrónico para recibir información.
- **Publicidad en blogs.** Este tipo de publicidad es más curioso, pues se trata de un tipo de publicidad encubierta. No se verán *banners* o publicidad más directa, sino que se harán menciones de manera indirecta. Esta es una buena opción para darte a conocer y para ganar tráfico cualificado.
- **Publicidad en móviles.** Hace referencia a la publicidad que se diseña especialmente para los *smartphones,* ya que se ha comprobado que los usuarios no se comportan de la misma manera delante de un ordenador que de un *smartphone.* Estos anuncios pueden ser en forma de texto, vídeo o imagen.
- **E-mail marketing.** Es una de las herramientas de publicidad en web más utilizadas, y sirve para hacerle llegar al usuario correos y mensajes cotidianos, agradables, pero en los que aparece una promoción o un anuncio. Estos *e-mails* deberán aportarle valor al usuario, de modo que este no los quiera eliminar.
- **Publicidad en vídeo.** Dado que cada vez se consume más y más contenido en vídeo, la publicidad en este formato también aumenta, y es que las plataformas de vídeo como *YouTube* o *Vimeo* –entre otros– se convierten en un escaparate perfecto para la publicidad. En estos casos, se pueden poner vídeos publicitarios al empezar, en mitad de un vídeo, etc.
- **Remarketing.** Es una herramienta de publicidad muy útil que permite crear anuncios personalizados, que serán mostrados a los usuarios que hayan visitado tu sitio web, pero que no hayan hecho ninguna conversión en él.

ACTIVIDAD COMPLEMENTARIA

4. Reflexiona sobre los distintos tipos de publicidad que se pueden hacer en la web. Busca un ejemplo de tres de las formas de hacer publicidad en la web que se han visto, y explica qué son y cómo se han utilizado.

4. El *marketing* unidireccional de la interrupción

 HILO CONDUCTOR

Aunque sus compañeros de trabajo son bastante jóvenes, hay uno más veterano que forma parte de la empresa desde hace más años: Ricardo, con quien María ha de trabajar conjuntamente en este nuevo proyecto. Cuando María empieza a trabajar en él y habla con Ricardo sobre el mismo, se da cuenta de que tienen puntos de vista y maneras de trabajar muy diferentes.

Esto es porque Ricardo, debido a su largo tiempo en el mundo de la publicidad y el *marketing*, sigue planteando las estrategias de comunicación como antes, centrándose en el *marketing* unidireccional. María trata de enseñarle algunas nuevas prácticas y qué cambios se pueden hacer para adaptarse a los nuevos tiempos.

El *marketing,* como todas las disciplinas, ha vivido también una evolución muy característica, desde su irrupción hasta llegar a día de hoy. Esta **evolución** se puede dividir en varias etapas:

Si bien es cierto que, independientemente de su nombre, todas tienen el mismo objetivo final, hay que destacar que cada una de estas denominaciones hace referencia a la adaptación que ha ido haciendo el concepto de *marketing* y sus técnicas a las necesidades del mercado que han ido surgiendo temporalmente.

4.1. Marketing 1.0

El *marketing* 1.0 es el que se considera el **marketing primitivo;** y algunas de sus características son muy distintas a las que pueden apreciarse hoy en día:

- ⮞ **Comunicación unidireccional.** Este *marketing* destaca, sobre todo, por una comunicación unidireccional, en el que los usuarios no podían interactuar ni con los anuncios ni con las empresas.
- ⮞ **Enfocado al producto.** Además, está enfocado al producto, por lo que la estrategia de mercado gira en torno a él.
- ⮞ **Objetivo: ventas.** El principal objetivo que tiene el *marketing* 1.0 son las ventas y, por tanto, se recurre a una producción estandarizada.
- ⮞ **Necesidades mercado de masas.** La producción estandarizada sirve para atender las necesidades de mercado de masas, que atiende a la masa en general, pero que olvida atender individualmente a cada individuo.
- ⮞ **Necesidades físicas.** Este *marketing* solo buscaba satisfacer las necesidades físicas de los clientes, dejando de lado todo lo emocional.
- ⮞ **Características funcionales.** Simplemente se informaba al público de las características funcionales de los productos y servicios, a través de los medios de comunicación de masas. Esto hace, irrefutablemente, que la primera aparición del *marketing* se centre únicamente en el valor económico.

 ACTIVIDAD COMPLEMENTARIA

5. Busca un ejemplo de *marketing* unidireccional (puede ser de cualquier época) y explica por qué es *marketing* 1.0 y las características que observas.

5. Antiguas normas del *marketing*

👉 **HILO CONDUCTOR**

Ricardo le ha dado a María algunas de las ideas que se le han ocurrido, pero ella cree que estas prácticas ya no se pueden llevar a cabo y se deben mejorar.

¿Cuáles son dichas normas? ¿Por qué es tan distinto al marketing que se maneja hoy en día y al *marketing* que ofrece su empresa?

Siguiendo la línea del *marketing* 1.0, también es necesario destacar las antiguas normas por las que se regía. En general, se caracteriza porque sus acciones aportaban **poco valor a los clientes.**

Las antiguas normas del *marketing* son las siguientes:

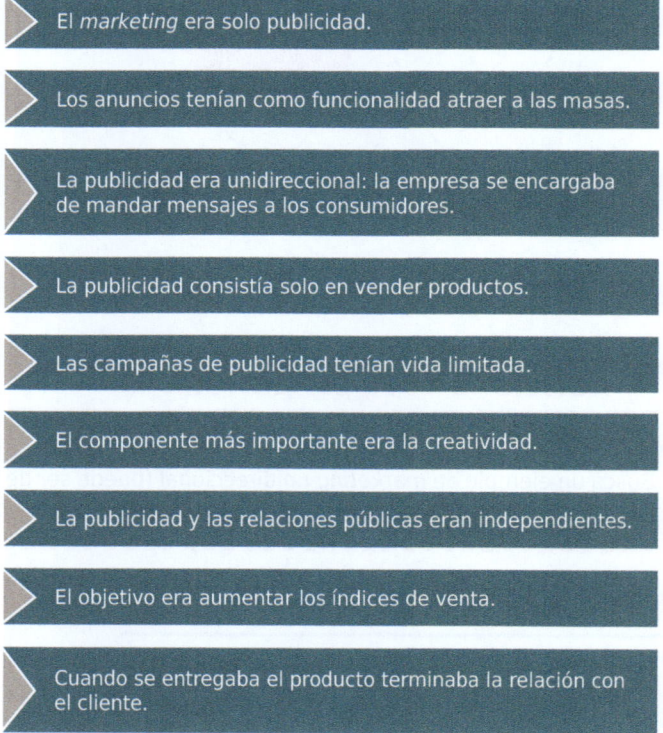

El *marketing* era solo publicidad.

Los anuncios tenían como funcionalidad atraer a las masas.

La publicidad era unidireccional: la empresa se encargaba de mandar mensajes a los consumidores.

La publicidad consistía solo en vender productos.

Las campañas de publicidad tenían vida limitada.

El componente más importante era la creatividad.

La publicidad y las relaciones públicas eran independientes.

El objetivo era aumentar los índices de venta.

Cuando se entregaba el producto terminaba la relación con el cliente.

6. Las relaciones públicas y la prensa

👉 HILO CONDUCTOR

Siguiendo con la estrategia de comunicación del cliente, le han encargado que, además de considerar acciones de publicidad para la web, debe pensar también acciones con la prensa.

Continúa en página siguiente >>

<< Viene de página anterior

¿Qué relación tienen las relaciones públicas y la prensa? ¿Qué herramientas puede utilizar para crear una estrategia de comunicación en estos medios?

Como herramienta de *marketing* ligada a los medios de comunicación, las relaciones públicas también tienen relación con la prensa, pues hacen de este medio un canal óptimo para llegar al público. De hecho, las acciones de relaciones públicas junto a la difusión periodística, son herramientas básicas para mejorar el **posicionamiento de la empresa en la opinión pública.**

La prensa, en este caso, sirve a las relaciones públicas para dar a conocer los logros, los beneficios o los acontecimientos importantes que tengan que ver con dicha empresa. Así, es necesario **convertir lo que la empresa quiere comunicar a su público en noticia,** lo que hará que aumente la credibilidad del mensaje y, por tanto, la aceptación de la opinión pública.

Para ello, las relaciones públicas hacen uso de las siguientes **herramientas:**

Notas de prensa
- La nota de prensa, también conocida como comunicado de prensa, es un documento escrito en el que se anuncia algo en relación a la empresa que tenga interés periodístico. Este documento va dirigido a los medios de comunicación.

Ruedas de prensa
- La rueda o conferencia de prensa es un acto en el que se convoca a los medios de comunicación para transmitir una información.

Lanzamiento o presentaciones de productos o servicios
- Es un acto más multitudinario, al que se invita tanto a medios de comunicación como a otro tipo de público, para presentar un nuevo producto o servicio que va a salir al mercado. Todo el acto gira en torno a dicho producto, sus funcionalidades, características, etc.

Continúa en página siguiente >>

<< Viene de página anterior

Dosier de prensa
- El dosier de prensa es un documento en el que se incluye toda la información y datos de la empresa. Es elaborado para dárselo a los medios de comunicación y que estos dispongan de toda la información sobre la empresa que puedan llegar a necesitar.

Las relaciones públicas pueden servirse de varias herramientas para hacer una estrategia de comunicación basada en la prensa, dependiendo de lo que se quiera informar.

Para que la **relación entre las relaciones públicas y la prensa** sea fructífera, y se consigan los objetivos esperados (confianza, credibilidad e imagen positiva), se debe tener en cuenta lo siguiente:

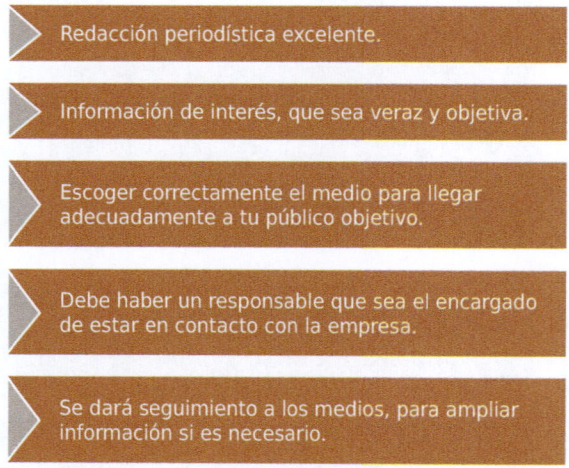

Redacción periodística excelente.

Información de interés, que sea veraz y objetiva.

Escoger correctamente el medio para llegar adecuadamente a tu público objetivo.

Debe haber un responsable que sea el encargado de estar en contacto con la empresa.

Se dará seguimiento a los medios, para ampliar información si es necesario.

Cabe destacar que, aunque estas prácticas son las más comunes entre las relaciones públicas y la prensa, es necesario ir adaptándose a los nuevos tiempos y a la nueva manera de comportarse del público.

IMPORTANTE

Las relaciones públicas deben, cada vez más, buscar nuevas maneras de comunicar sus mensajes y de darle valor a las empresas. La creatividad en este campo está a la orden del día.

APLICACIÓN PRÁCTICA

Marta es una empresaria que ha contratado los servicios de una agencia de comunicación para informar, a través de la prensa, de que su empresa va a lanzar al mercado un nuevo producto. ¿Cuál crees que sería la herramienta más adecuada para anunciar este nuevo producto?

Solución

Lo más adecuado en estos casos es optar por una presentación de un producto, un evento más grande en el que todo se centra en hablar del producto nuevo, comentando sus características y demás, en el que se invite a la prensa y al resto de público.

7. Antiguas normas de las relaciones públicas

HILO CONDUCTOR

Dado que su proyecto aúna tanto el *marketing* como las relaciones públicas, Ricardo también le ha dado información sobre algunas acciones que ha pensado para llevar a cabo en el campo de las relaciones públicas. De nuevo, María detecta que estas acciones responden a las antiguas normas, y que es momento de ir modernizándolas para estar a la altura de lo que el cliente demanda actualmente.

¿Qué hacían antes las relaciones públicas que ahora ya no se lleve a cabo?

Dado que las relaciones públicas también han evolucionado y se conocen cuáles son los estándares bajo los que se maneja actualmente, es necesario conocer cuáles eran las antiguas normas de las relaciones públicas.

Estas normas eran las siguientes:

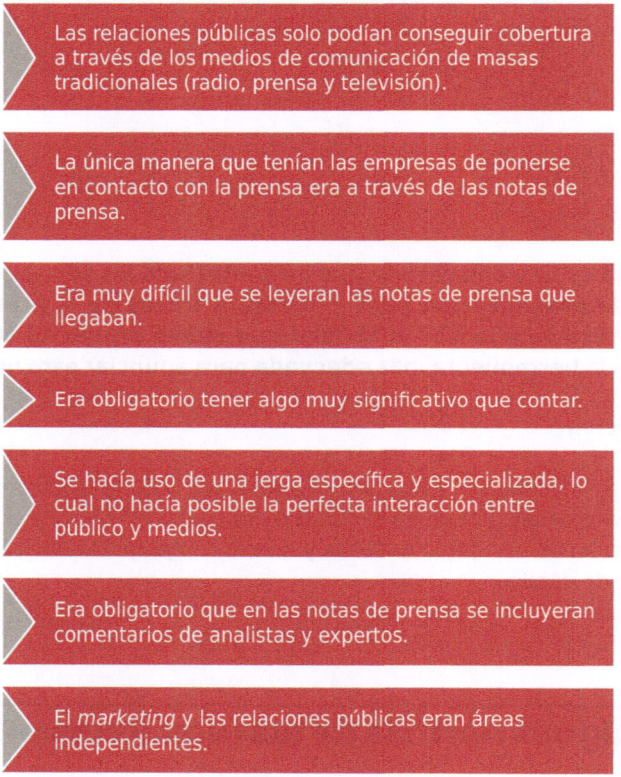

Las relaciones públicas solo podían conseguir cobertura a través de los medios de comunicación de masas tradicionales (radio, prensa y televisión).

La única manera que tenían las empresas de ponerse en contacto con la prensa era a través de las notas de prensa.

Era muy difícil que se leyeran las notas de prensa que llegaban.

Era obligatorio tener algo muy significativo que contar.

Se hacía uso de una jerga específica y especializada, lo cual no hacía posible la perfecta interacción entre público y medios.

Era obligatorio que en las notas de prensa se incluyeran comentarios de analistas y expertos.

El *marketing* y las relaciones públicas eran áreas independientes.

 TAREA 3

Ainhoa es la nueva responsable del Departamento de Comunicación de su empresa; una empresa pionera en el ámbito de la publicidad que se lleva dedicando a estas tareas décadas, desde que la publicidad como tal se consideró lo suficientemente importante como para trabajar en ella.

Continúa en página siguiente >>

<< Viene de página anterior

Al llegar a la empresa, decide revisar las campañas de *marketing* y publicidad más significativas que se han llevado a cabo de un tiempo a esta parte. Es entonces cuando se da cuenta de los cambios tan grandes que ha habido en el mundo de las relaciones públicas y el *marketing*, ya que los contenidos de las campañas no eran igual que ahora, así como tampoco lo eran los medios. Uno de los cambios más significativos que ha observado Ainhoa es que el *marketing* tradicional era unidireccional, había otras normas y la publicidad en internet se llevaba a cabo de otra manera.

En base a esto, explica qué relación tienen, entonces, las relaciones públicas y el *marketing*, y cuál es el proceso evolutivo que han seguido estas disciplinas. Describe también cuáles eran las normas que regían las campañas de *marketing* anteriores, en base a qué tipo de *marketing* actuaban y cuáles eran las pautas que Ainhoa ha visto que seguían en internet.

---

8. Nuevas normas del *marketing* y de las relaciones públicas

☞ HILO CONDUCTOR

Definitivamente, es el momento de poner en común las ideas que han tenido tanto Ricardo como María. Por eso, María ha preparado una serie de acciones que se basen en las nuevas prácticas del *marketing* para explicarle así a Ricardo por qué considera que ha de adaptarse a ellas.

Los nuevos escenarios, las nuevas tecnologías, los cambios sociológicos y el cambio en el comportamiento de los usuarios han provocado, inevitablemente, que cambien las normas del *marketing* y de las relaciones públicas.

Estas nuevas normas vienen recogidas en el llamado **Manifiesto Cluetrain,** un manifiesto en el que aparecen una serie de conclusiones que sirven cómo guía para la acción a todas aquellas empresas que operan en lo que se denomina "un mercado con nuevas conexiones".

IMPORTANTE

En este manifiesto quedan recogidos todos los comportamientos, las maneras de actuar y las normas que rigen esta nueva era de la comunicación y de la información. El centro del mismo es la comunidad de usuarios, por eso todas las conclusiones se escriben en primera persona, haciendo referencia a "nosotros".

Algunas de las **conclusiones más destacables** –entre muchas otras– de este manifiesto son las siguientes:

> Los mercados están formados por seres humanos, no sectores demográficos.

> Las conversaciones en red hacen posible el surgimiento de nuevas y poderosas formas de organización social y de intercambio de conocimientos.

> Las empresas ahora pueden comunicarse con sus mercados directamente.

> Las empresas deben pertenecer a una comunidad.

> La comunidad del diálogo es el mercado.

> Quizás impresiones a tus inversionistas. Tal vez impresiones a la bolsa de valores. No nos impresionas a nosotros.

> Cuando tenemos dudas, nos apoyamos en el resto de nosotros para aclararlas.

PARA SABER MÁS

Para leer el manifiesto completo y conocer todas las nuevas reglas que constituyen el *marketing* y las relaciones públicas, puedes acceder a la página oficial del mismo haciendo clic en el siguiente enlace:

https://redirectoronline.com/comm092po0201

 ACTIVIDAD COMPLEMENTARIA

6. Busca un ejemplo de una empresa que creas que está siguiendo el Manifiesto Cluetrain y explica por qué. Puedes basarte en alguna de las conclusiones que aparecen en él.

📝 **TAREA 4**

Marina es la directora de *marketing* de la empresa en la que trabaja. Uno de sus clientes le ha pedido que le haga una estrategia de *marketing* para darse a conocer y que la gente compre sus productos. Este cliente es el propietario de una tienda de ropa deportiva de fútbol.

En base a esto, realiza una hoja de ruta sobre cuáles son las acciones que podría seguir Marina para esta empresa, explicando qué tipo de publicidad en web puede utilizar, qué tipo de herramientas para prensa puede utilizar y cuáles son las normas de actuación actuales en referencia a las relaciones públicas y al *marketing*, describiendo cómo debe afrontar la empresa su relación con sus

Continúa en página siguiente >>

<< Viene de página anterior

clientes y cómo debe comportarse con la comunidad de usuarios en base al Manifiesto Cluetrain.

9. Resumen

El *marketing,* desde sus inicios hasta la actualidad, ha sufrido multitud de variaciones, siempre adaptándose a los **nuevos escenarios y a las nuevas demandas de los consumidores.** Con él, han evolucionado también las relaciones públicas, la relación entre ambas y, por consiguiente, la relación con los medios de comunicación de masas.

Las reglas han cambiado, tanto para el **marketing** como para las **relaciones públicas:** de trabajar de manera independiente a ser ahora dos disciplinas que se retroalimentan; de pensar únicamente en generar ventas a pensar en aportarle valor al cliente; de querer aumentar la facturación de la empresa a querer que la opinión pública sea positiva y favorable. Se puede decir que el *marketing* ha pasado de ser unidireccional a ser interactivo.

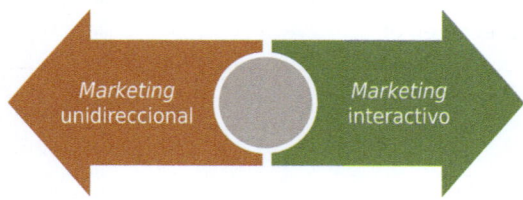

Este cambio, tanto en el *marketing* como en las relaciones públicas, ha sido propiciado por la **aparición de la web 2.0,** la cual también tiene como eje fundamental el ser interactiva. Esto sucede porque se considera al **usuario o consumidor como una parte imprescindible** del proceso comunicativo y, por tanto, se le dan herramientas para que pueda comunicar su opinión y pueda influir, en mayor o menor medida, en la empresa.

Por eso, esta nueva manera de comunicar a través del **marketing y la publicidad** también provoca que se dé un vuelco a los contenidos: ya no se trata solo de comunicar las funcionalidades de un objeto para ganar ventas, ahora se trata de despertar una parte emocional que implique sentimentalmente al consumidor.

Así, haciendo uso de distintas herramientas, siempre con la creatividad por delante, se han convertido en elementos indispensables para cualquier empresa, convirtiéndose ya en el nexo de unión entre la empresa y su público objetivo.

El *marketing* y las relaciones públicas ahora se mueven en el nuevo entorno de la red, y han de adaptar su mensaje a este nuevo escenario. Es necesario, entonces, que conozcan las normas que rigen la red y, sobre todo, las normas que sustentan la relación entre empresa y usuarios en la red. Estas normas vienen recogidas en el **Manifiesto Cluetrain,** un manifiesto que cualquier empresa que tenga un espacio en internet ha de tener en cuenta.

Ejercicios de autoevaluación
Unidad de Aprendizaje 2

1. **Indica si las siguientes afirmaciones son verdaderas o falsas.**

   a. Las relaciones públicas y el *marketing* no se relacionan entre sí.

   - Verdadero
   - Falso

   b. La publicidad siempre ha seguido las mismas normas, desde sus inicios hasta ahora.

   - Verdadero
   - Falso

2. **La web 1.0 es…**

   a. … la web actual, con participación de usuario.
   b. … la web primitiva que se caracteriza por los contenidos estáticos y su imposibilidad de actualización.
   c. … la que incluye *gifs* y vídeos.
   d. No hay distinciones de web.

3. **¿Cuál de las siguientes opciones es publicidad en la web?**

   a. *Pop-up*.
   b. Publicidad en marquesinas.
   c. Anuncios en televisión.
   d. Anuncios en radio.

4. **El *marketing* tradicional…**

   a. … sigue las mismas pautas que se siguen ahora.
   b. … surgió en el siglo XXI.
   c. … tiene como objetivo emocionar.
   d. … tiene como objetivo las ventas.

5. ¿Cuáles de las siguientes son acciones de relaciones públicas que se pueden llevar a cabo en la prensa?

    a. Notas de prensa y dosier de prensa.
    b. Ruedas de prensa.
    c. Presentaciones de productos.
    d. Todas las opciones son correctas.

6. Para conseguir una buena relación entre las relaciones públicas y la prensa, ¿se debe tener en cuenta, entra otras cosas, una redacción periodística excelente?

    a. Sí, es lo único que hay que cuidar.
    b. No, porque si algo está mal, ya se encarga el medio de corregirlo.
    c. No, no importa si tiene faltas de ortografía.
    d. Sí, es una de las partes más importantes para generar confianza, credibilidad y una imagen positiva.

7. Según las antiguas normas de las relaciones públicas, ¿en las notas de prensa aparecían comentarios de expertos?

    a. Sí, era algo obligatorio.
    b. Sí, es algo obligatorio, tanto antiguamente como en la actualidad.
    c. No, eso solo se hace en la actualidad.
    d. Depende del caso, es algo opcional.

8. En el Manifiesto Cluetrain...

    a. ... hay 10 conclusiones.
    b. ... hay 95 conclusiones.
    c. ... se van incluyendo apartados cada año.
    d. ... los propios usuarios pueden ir incluyendo información.

9. **El Manifiesto Cluetrain está escrito utilizando el "nosotros" porque...**

   a. ... hace referencia a las empresas.
   b. ... ha sido un fallo de escritura.
   c. ... hace referencia a las páginas web.
   d. ... hace referencia a la comunidad de usuarios.

10. **Una de las conclusiones más destacables del Manifiesto Cluetrain establece que los mercados están formados por:**

   a. La oferta y la demanda.
   b. Sectores demográficos.
   c. Seres humanos.
   d. Público objetivo.

La figura del *community manager*

Contenido

Objetivos

El objetivo general de esta Unidad de Aprendizaje es:

→ Comprender las principales funciones y responsabilidades del perfil del *community manager* profesional.

Los objetivos específicos de esta Unidad de Aprendizaje son:

→ Identificar las habilidades, aptitudes y actitudes que precisa un *community manager*.

→ Justificar la necesidad de nuevos perfiles profesionales, como el de Responsable de Comunidades, propiciada por los cambios de la sociedad de la información.

→ Describir las tareas que debe desarrollar un *community manager* en una empresa.

→ Definir los diferentes tipos de *community manager* existentes.

→ Especificar los valores de un *community manager*.

→ Detectar los errores más comunes que pueden cometer los *community managers*.

1. Introducción

El *community manager* es un perfil profesional ya consolidado y fundamental en el entorno digital, surgido con el desarrollo de la web 2.0, una era que marcó el inicio de una web interactiva y participativa. Este cambio significativo transformó la manera en que las empresas y los usuarios interactuaban *online,* haciendo imprescindible la figura de un especialista capaz de gestionar este nuevo tipo de relación.

Es entonces cuando se hace necesario un encargado de moderar esa comunidad, de buscar una estrategia para dar visibilidad a la empresa en las redes sociales y de actuar como un portavoz de la misma en estas nuevas plataformas.

En esta unidad, se analizará a fondo este perfil, describiendo su origen y su fundamental papel en la empresa. Asimismo, se detallarán las tareas y funciones que debe llevar a cabo diariamente. Además, se explicarán las aptitudes, actitudes y habilidades que caracterizan a un *community manager,* y los objetivos que persigue con su estrategia en los medios *online.*

Por último, se distinguirán los distintos tipos de *community managers* que hay, según sus funciones y en función del objetivo que persiguen en las redes sociales.

Para el desarrollo de este contenido nos basaremos en el caso de María, una joven Graduada en *Marketing* que se incorpora por primera vez al mundo laboral trabajando en una agencia de publicidad.

2. ¿Qué es un *community manager* y de qué se encarga?

 HILO CONDUCTOR

En el siguiente proyecto, a María le encargan actuar como *community manager* de una nueva empresa. A pesar de conocer cómo funciona el *marketing* digital, no sabe exactamente las tareas de las que tendrá que encargarse como *community manager,* ni cómo puede ser definido realmente su perfil profesional.

Continúa en página siguiente >>

<< Viene de página anterior

Con el fin de desempeñar perfectamente su nuevo trabajo, María decide investigar un poco más sobre esta nueva figura del *marketing online.*

El *community manager* se ha convertido en una figura esencial dentro del ámbito corporativo, consolidándose como un pilar clave en las estrategias de *marketing* y comunicación digital. Este rol adquirió relevancia con el auge del *marketing* y la publicidad *online,* adaptándose y evolucionando en respuesta a las cambiantes dinámicas de las redes sociales y las necesidades de interacción digital entre las empresas y sus audiencias.

Se conoce como *community manager* a la persona que se encarga de **crear, gestionar y dinamizar a una comunidad de usuarios** en lo que se conoce como los *social media* y la web 2.0.

El community manager es el nuevo perfil profesional experto en marketing online.

NOTA

Según un informe realizado por AERCO (Asociación Española de Responsables de Comunidades *Online)*, el perfil profesional de *community manager* está integrado, actualmente, en los Departamentos de Comunicación o *Marketing*, relacionándose siempre con los Departamentos de Tecnología o Innovación.

2.1. Origen del *community manager*

El desarrollo exponencial y rápido que han tenido las plataformas *social media*, su difusión, la variedad de herramientas y formatos que existen, así como la incorporación de las mismas al sector empresarial, han hecho posible la aparición de la figura que ahora se conoce como *community manager*.

Más concretamente, esta figura se empezó a ver en los **primeros blogs, chats y foros de debate.** Justamente son estas las que pueden considerarse como las primeras plataformas *social media*.

NOTA

Inicialmente, el *community manager* solo se encargaba de moderar el debate, de crear contenidos en los foros y blogs de la empresa, y de responder algún que otro *e-mail*.

Es por eso que, con la creciente aparición de los distintos *social media* y su gran expansión a finales de los años 90, empezaron a crearse también **nuevas responsabilidades y necesidades.**

Dichas responsabilidades requerían de un perfil profesional como el *community manager;* un perfil profesional que necesitaba algo más que meras **habilidades informáticas, aptitudes y habilidades** que le permitan:

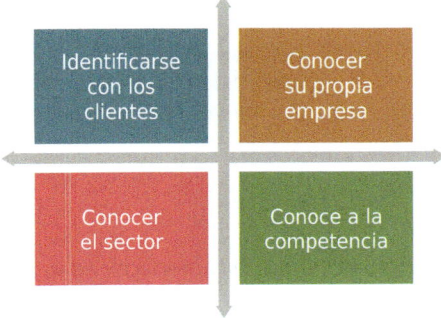

Es así como se va afianzando el perfil profesional que se conoce hoy en día.

La web social (o web 2.0) ha supuesto una revolución en las empresas y organizaciones, por lo que este perfil profesional se ha convertido en una figura indispensable en cualquier estrategia de comunicación y de *marketing*. Y es que la inminente crecida de internet y de todo su entorno hace necesaria la creación de **nuevas formas de comunicación,** las cuales han de ser llevadas a cabo por profesionales instruidos que entiendan este nuevo concepto y sepan abordarlo.

 **RECUERDA**

El *community manager* es un perfil profesional que nació de la necesidad de tratar con el nuevo consumidor que proviene de la web 2.0.

Por tanto, este es un momento que nunca antes se había vivido: el consumidor nunca había estado tan cercano a la empresa y a la marca, y nunca antes había podido interactuar con ella de manera tan rápida, repetida y directa y, ni mucho menos, nunca antes su comportamiento y opiniones habían influido tan decisivamente sobre la misma. Este consumidor se conoce como **prosumer.**

 DEFINICIÓN

Prosumer
Acrónimo de las palabras inglesas "producer" y "consumer", hace referencia a un tipo de usuario que es consumidor de la marca pero que, a su vez, se encarga de crear contenido (con sus opiniones, comentarios, respondiendo artículos, compartiendo fotografías, etc.).

De manera general, el *community manager* **se encarga** de:

- Crear nuevas comunidades alrededor de la marca.

- Dinamizar las comunidades que ya existen.

- Moderar la conversación. Comunicar a la empresa las demandas y sugerencias del usuario.

- Defender la marcar y crear una relación de confianza y fidelidad con los usuarios.

2.2. El *community manager* y la empresa

Incorporar a un *community manager* en la empresa es apostar por preservar la identidad *online* de la empresa, además de actuar como el punto de unión entre las necesidades que manifiestan los usuarios y las posibilidades de la empresa. A modo de cazador de tendencias, este profesional del *marketing online* ha de encargarse de **detectar las tendencias actuales y las posibilidades de mejora** que tiene la empresa con respecto a sus productos y servicios.

Por tanto, es necesario que en el equipo de *marketing* y comunicación de una empresa se encuentre la figura del *community manager,* lo que permitirá llevar a cabo una estrategia de *marketing online,* posibilitando:

- **Conocer lo que se dice en las redes.** Saber qué se dice de la empresa y qué demandan los clientes y potenciales clientes.
- **Un canal de atención al cliente.** Disponer en las redes sociales de un nuevo canal de atención al cliente.
- **Mejorar productos y servicios.** Mejorar y crear productos y/o servicios, según lo que demandan o sugieren esos clientes.
- **Modernizarse y mejorar la imagen.** Modernizar la empresa y mejorar la percepción que tienen los clientes y empleados.
- **Ser más eficientes.** Conseguir mayor eficiencia publicitaria.
- **Conseguir la fidelidad del cliente.** Utilizar esa experiencia para consolidar la fidelidad del cliente.

Así, a modo de resumen, se puede decir que el la figura del *community manager* en una empresa sirve para:

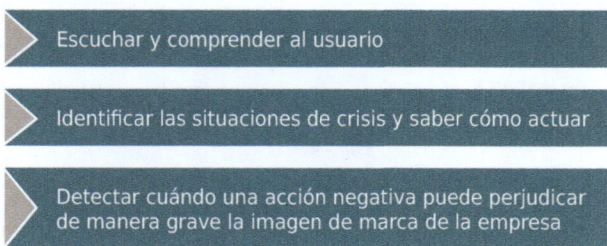

Es decir, puede entenderse el *community manager* como un **solucionador de problemas.**

Un *community manager* se ha convertido en una figura **imprescindible en las empresas,** ya que es el portavoz de la misma en las redes sociales.

 ## APLICACIÓN PRÁCTICA

Ricardo es el *community manager* de un restaurante, y debido a las críticas que tuvo un tiempo atrás, le han encargado que lleve a cabo acciones para mejorar la percepción que tienen los clientes del restaurante. Pero Ricardo cree que esa no es tarea suya, sino del jefe del restaurante y de los camareros que trabajan en él. ¿Es esto cierto?

Solución

Una de las principales tareas del *community manager* de una empresa es la de mejorar la opinión y la percepción que tienen los usuarios y clientes de la empresa. Y para ello no es necesario que un negocio sea 100 % *online,* puesto que cualquier negocio, como el restaurante en este caso, puede tener presencia en internet y las redes sociales.

Además de eso permitirán a la empresa conocer qué se dice en las redes, qué se demanda, disponer de un nuevo canal de atención al cliente, mejorar los servicios prestados y lanzar una publicidad más eficiente, así como consolidar la fidelidad del cliente.

3. Habilidades, aptitudes y actitudes de un *community manager*

👉 HILO CONDUCTOR

Ahora que ya sabe y entiende mucho mejor a qué se dedica un *community manager* y, por tanto, cuáles van a ser sus tareas a desarrollar en este proyecto, María quiere dar un paso más y saber si está preparada para asumir este perfil.

¿Qué habilidades ha de tener? ¿Qué aptitudes y actitudes no puede pasar por alto para ser una buena *community manager?*

Como cualquier otro perfil profesional, el *community manager* ha de tener una serie de habilidades, aptitudes y actitudes que le permitan desarrollar sus tareas a la perfección. Esta serie de habilidades y aptitudes han de ir orientadas al mundo de los *social media,* entendiendo perfectamente el papel de la **web 2.0 y cómo actuar en ella.**

Así pues, este conjunto de aptitudes dará como resultado un *community manager* que sepa situar a la empresa en el lugar que le corresponde en las redes sociales, y que sepa animar a los usuarios a interactuar, para después conseguir datos interesantes para el devenir de la compañía.

Las habilidades, aptitudes y actitudes del community manager son fundamentales para poder desarrollar una estrategia adecuada en las plataformas social media.

3.1. Habilidades del *community manager*

Aunque no hay un marco teórico en el que enmarcar las habilidades que un *community manager,* AERCO ha elaborado una lista en la que destacan las **habilidades** que, por lo menos, todo profesional con este trabajo debería tener:

- **Buen conversador.** Ha de ser tan buen comunicador como buen conversador, se trata de saber escuchar y de saber responder.
- **Resolutivo.** Tiene que ser capaz de dar respuesta de forma rápida y apropiada.
- **Agitador.** Debe incentivar la participación de los usuarios, para convertir a la comunidad en un espacio vivo y dinámico.
- **Empático.** Ha de ser capaz de ponerse en el lugar de los demás.
- **Asertivo.** Destaca por tener carácter y personalidad propia para defender sus opiniones frente a los demás, si llega el caso.
- **Comprensivo.** Tiene la capacidad de valorar las opiniones de los demás participantes de la comunidad de usuarios.
- **Trabajo en equipo.** Es capaz de coordinar, colaborar y compartir.
- **Cabecilla.** Se convierte en líder: lidera la participación y sabe encontrar límites dentro de la comunidad.
- **Moderador.** Modera las conversaciones de la comunidad, esforzándose por mantener un ambiente cordial entre todos los usuarios. Por tanto, relaja tensiones, pero también se mantiene firme si ha de cortar malos modos.
- **Incentivador.** Plantea incentivos para los usuarios y detecta cuáles son las carencias y necesidades de la comunidad.

 **VÍDEO**

Observa, en el siguiente vídeo, 5 habilidades sociales del *community manager:*

https://redirectoronline.com/comm092po0301

3.2. Aptitudes del *community manager*

Por su parte, el *community manager* también ha de contar con una serie de aptitudes que le ayudarán a realizar su trabajo de manera profesional y efectiva. Dichas **aptitudes,** también marcadas por AERCO, son las siguientes:

- **Conocimiento sectorial.** Tiene conocimiento del sector en el que la empresa desempeña su función, lo que le ayuda a afianzar la credibilidad y la reputación.
- **Conocimientos de *marketing,* publicidad y comunicación corporativa.** Estos conocimientos le sirven para entender los objetivos del negocio y así alinear su actividad con los mismos.
- **Redacción.** Todo *community manager* ha de escribir bien y, además, debe gustarle.
- **Un punto "geek".** Ha de tener pasión por las nuevas tecnologías, así como por internet y por la web 2.0. Debe probar aplicaciones y servicios nuevos constantemente.
- **Creatividad.** Al manejarse en un entorno donde hay sobreabundancia de información, un *community manager* ha de tener una mente creativa para tener más posibilidades de atraer la atención de los usuarios.
- **Experiencia en comunicación *online.*** Es conocedor de los canales más adecuados y tiene, además, buenos contactos en internet.
- **Cultura 2.0.** Tiene interiorizados los valores y normas de conducta implantadas en la web 2.0.

3.3. Actitudes del *community manager*

Además, como complemento a las habilidades y aptitudes, el *community manager* ha de ser poseedor de una serie de **actitudes.** Según AERCO, son las siguientes:

- **Útil.** Es un buen compañero, al que le gusta servir y ser de ayuda a los demás.
- **Abierto.** Aprecia la diversidad y la entiende. Es consciente, también, de que en internet hay usuarios que saben más que uno mismo y está dispuesto a darle voz a esos conocimientos.
- **Accesible.** Es muy cercano en el trato.
- **"Always on".** Vive permanente o frecuentemente conectado a la red.
- **Conector.** Es capaz de detectar y facilitar oportunidades, conectando entre sí a miembros de la comunidad.
- **"Early adopter".** Al *community manager* le gusta estar a la última, como un "cazador de tendencias".
- **Evangelista.** Es un apasionado de la marca y de la empresa.
- **Defensor de la comunidad.** Es el encargado de representar a los clientes y usuarios ante la empresa.
- **Transparente.** Actúa con transparencia y honestidad en las normas y en la igualdad entre los usuarios.

3.4. Valores 2.0 del *community manager*

Y sin duda, todo *community manager* debe tener muy consolidados unos valores acordes a la web 2.0. Por tanto, ha de conocer los **valores 2.0** y aplicarlos a su trabajo diariamente. AERCO establece los siguientes:

- **Honestidad.** Es la base sobre la que se sustenta la web 2.0 o la web social, ya que en ella la mentira está mal vista y es más fácil de ser descubierta. Por eso, si hay algún problema que se quiera ocultar, lo mejor que puede hacer el *community manager* es mantener esta información alejada de las redes sociales.

- **Respeto.** Consiste, ni más ni menos, que en tratar a los demás como te gustaría que te trataran a ti. Siempre hay que participar con educación y con la mente abierta, siendo consciente de la diversidad de culturas y opiniones con las que te puedes encontrar.
- **Humildad.** Hay que conocer las limitaciones y estar dispuesto a aprender de los demás usuarios.
- **Generosidad.** Es necesario compartir información con los demás. Ayudar, ser de utilidad para el resto de usuarios e invertir tu tiempo.
- **Reciprocidad.** Debes ser justo y corresponder siempre a un elogio o a un favor, ser agradecido y dar visibilidad al trabajo de otros.
- **Colaboración.** Se trata de trabajar bajo la cultura "peer-to-peer" (entre pares): personas trabajando de forma coordinada, ayudadas por tecnologías que facilitan la cocreación de obras cooperativas.
- **Apertura.** Los entornos colaborativos abiertos crean mayor valor que los cerrados.

Un *community manager* ha de interiorizar y promulgar los valores de la web 2.0.

 APLICACIÓN PRÁCTICA

Ha surgido un bulo recientemente sobre la compañía cuyas redes sociales regenta Ana, su *community manager*. A raíz de ese bulo, lleva unos días leyendo comentarios negativos e, incluso, despectivos sobre la empresa. Pero a pesar de esa negatividad, ella responde a dichos comentarios con calma y sin entrar en el juego de las malas palabras. ¿A qué valor hace referencia ese comportamiento?

Solución

Siempre hay que mostrar respeto, participando con educación y con la mente abierta, siendo consciente de la diversidad de culturas y opiniones con las que te puedes encontrar, a pesar de las malas críticas y comentarios.

Además de este valor descrito, un *community manager* debe tener honestidad, humildad, generosidad, reciprocidad, colaboración y apertura.

ACTIVIDAD COMPLEMENTARIA

7. Piensa en el ejemplo del *community manager* de la red social de cualquier empresa que te guste (por su contenido, por cómo trata a la comunidad, por cómo resuelve problemas...) y reflexiona sobre las habilidades y aptitudes de este profesional. ¿Qué le caracteriza? ¿Por qué crees que quien hay detrás de esa red social está siendo un buen *community manager?* ¿Qué aptitudes, actitudes y habilidades dirías que refleja a través de su trabajo?

 TAREA 5

Rosa es la propietaria de un negocio de cosmética ecológica en su ciudad. Hace algún tiempo inició su actividad en los medios *online* y desde entonces ha visto cómo cada vez tiene más aceptación su actividad en las redes, hasta el punto de que se ha decidido a montar una *e-commerce* y se está viendo desbordada por todas las nuevas tareas que está teniendo que desempeñar en este entorno. Por este motivo, está pensando en contratar a alguien para que la ayude en este sentido, realizando las labores de *community manager* para su empresa.

En base a esto, justifica la necesidad que tiene Rosa de incorporar a este nuevo perfil profesional a su negocio e identifica las habilidades, aptitudes y actitudes que precisa tener la persona que se incorpore al puesto.

---

4. Funciones y responsabilidades de un *community manager*

 HILO CONDUCTOR

Una vez que María es consciente de las habilidades, aptitudes y actitudes que no pueden faltar a la hora de desarrollar su trabajo, es el momento de pensar en las responsabilidades que acarrea este puesto para con su cliente.

Teniendo en cuenta la evolución que ha tenido el *community manager* en las últimas décadas, es fácil detectar que las responsabilidades actuales de este profesional van mucho más allá de actuar como un mero animador de cualquier plataforma social, como ocurría antes.

Ahora, de manera general, el principal cometido de un *community manager* es hacerse cargo de una serie de tareas que combinan:

Como ves, las funciones y tareas del *community manager* han ido evolucionando y definiéndose, siendo una labor muy completa y compleja, que va más allá de la simple dinamización de la comunidad en la red. Y además de poner en práctica acciones concretas, debe analizar los resultados de las mismas, buscando siempre la mejora constante.

El community manager tiene la responsabilidad de llevar a cabo todas las tareas de monitorización y mantenimiento de las plataformas social media.

4.1. Funciones del *community manager*

Un *community manager,* con las habilidades, aptitudes y actitudes que tiene interiorizadas acordes a la web 2.0, se encarga de cumplir una serie de **funciones** imprescindibles para cumplir adecuadamente su trabajo.

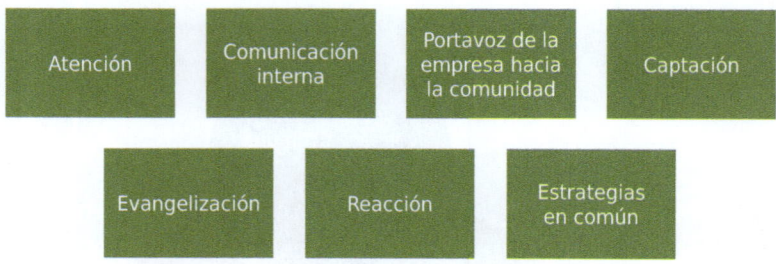

Atención

No hay duda de que una de las máximas en el trabajo de un *community manager* es "escuchar". Así que, efectivamente, la primera función que ha de desempeñar este profesional es monitorizar la red para descubrir qué se está diciendo de la marca y de la empresa. De este modo, debe detectar los comentarios que hacen los usuarios y, después, hacer un balance entre comentarios positivos y negativos. Pero no solo hay que saber escuchar lo que se dice sobre la empresa en la que se trabaja, sino también lo que dicen los competidores, qué se dice sobre ellos y sobre el sector en general.

En definitiva, no es solo saber lo que se dice de su empresa, sino también saber lo que se dice de todo aquello que rodea a su empresa.

Comunicación interna

Esta información que el *community manager* ha monitorizado y recopilado ha de ser difundida por el resto de departamentos de la empresa, pues es muy importante que la empresa sea informada de las novedades de los usuarios.

Pero esta información ha de ser traducida a un lenguaje que se entienda, interpretando los datos, para que así la empresa pueda responder de manera adecuada.

Portavoz de la empresa hacia la comunidad

El *community manager* actúa como la voz de la empresa; es quien se dirige al usuario y le explica la posición de la misma en cada acción comunicativa que este lleva a cabo.

Al fin y al cabo, el *community manager* hace de representante de la empresa en los *social media:* crea contenidos de valor, responde a las demandas de otros usuarios, interviene en foros y en blogs, interacciona con el resto de usuarios, etc.

Captación

Ha de tener la capacidad de reconocer a los posibles líderes entre los consumidores, identificando a esos *prosumers* que son escuchados por la comunidad, para intentar "reclutarlos" para la empresa. Se trata de llegar hasta uno de estos líderes de las comunidades *online* y conseguir convencerle de las bondades de la empresa, para que sea ahora el encargado de predicarlas.

Al final consiste en identificar a esos líderes *online,* que tienen grandes capacidades comunicativas y, por tanto, tienen la posibilidad de mejorar la imagen de la marca en las comunidades *online.*

Evangelización

Al ser la voz de la empresa, recae sobre él gran parte del prestigio que la marca tiene en las redes sociales.

Es, por tanto, un trabajo de convicción que se basa en la honestidad y en la sinceridad.

Reacción

El *community manager* tiene como tarea identificar las reacciones negativas que haya tenido la comunidad de usuarios de manera inmediata, reaccionando con rapidez y atajándolas mediante explicaciones y respuestas.

Esto debe hacerlo hasta que el volumen de satisfacción sea muy superior al de la desconfianza.

Estrategias en común

Al ser el nexo de unión, el *community manager* debe ayudar a los departamentos de *marketing* y comunicación a crear estrategias que permitan colaborar a la comunidad y a la empresa.

4.2. Responsabilidades del *community manager*

Siguiendo con las funciones del *community manager* es necesario entender también que dichas tareas acarrean una serie de **responsabilidades.** Estas responsabilidades son recogidas por un estudio realizado por Araceli Castelló, doctora en Comunicación:

Contenidos	Actualización de contenidos.
	Creación de contenido de valor.
	Lectura sobre temas relacionados con los contenidos de la comunidad.

| Estrategia | Definición de la estrategia social media. |

| Interacción | Respuesta rápida a los usuarios. |
| | Conversación con los usuarios. |

| Comunidades | Estudio de nuevas herramientas para mejorar la gestión y el análisis de las comunidades |

| Mejoras | Investigación constante sobre el producto, el sector, las tendencias, la competencia, etc., en el mundo digital. |

| Monitorización | Monitorización de la reputación online. |

| Consolidación | Consolidación de noticias de la marca en la red. |

Es importante reconocer que las responsabilidades del *community manager* pueden solaparse con las de otros perfiles profesionales emergente en el ámbito digital, como el *media manager.* Esto refleja la evolución constante del *marketing* digital y la necesidad de una colaboración estrecha entre diversos roles para optimizar la presencia *online* de una empresa.

 PARA SABER MÁS

Accede al siguiente enlace para ver una presentación en la que se muestran las tareas que ejecutan y las habilidades que se le exigen a distintos perfiles de *community managers:*

https://redirectoronline.com/comm092po0302

Como has visto, un *community manager* tiene una amplia variedad de funciones, y es importante que monitorice muy bien todas ellas para el beneficio de la empresa.

A continuación, realizarás una actividad en la que se especifica cómo debe llevar a cabo el *community manager* la función de escuchar y monitorizar.

 APLICACIÓN PRÁCTICA

Nerea es la *community manager* de una empresa de automóviles. Llega final de mes y es el momento de tener una reunión con los directivos para ver todo lo que ha "escuchado" de lo que dicen los usuarios de la empresa. ¿Cómo definirías esta función de saber escuchar que ha

Continúa en página siguiente >>

<< Viene de página anterior

de desarrollar el *community manager?* ¿Qué ha de hacer Nerea para desempeñarla?

Solución

El *community manager* ha de tener en cuenta tanto los comentarios positivos como los negativos para poder trasladárselos a la empresa y poder actuar, tanto para seguir fortaleciendo los puntos fuertes que les señalan como para mejorar las debilidades.

4.3. Errores del *community manager*

Aunque queden claras las funciones, habilidades y demás aspectos relacionados con el *community manager* y su labor, es importante tener en cuenta que también se pueden cometer errores. En este caso, los errores que pueda cometer un *community manager,* sobre todo de manera repetida, pueden **perjudicar de manera grave a la imagen de la empresa.**

Dadas las tareas de las que se encarga, este profesional está bastante expuesto a cometer algún que otro desliz. Sin embargo, es cierto que ser conscientes de los errores que se pueden cometer es una manera también de fortalecer los aciertos. Estos serían los diez **errores más frecuentes** en un *community manager:*

- **No interactuar con los seguidores.** Es necesario prestarle la atención que requieren tanto la plataforma como los seguidores: no responder a sus preguntas ni atender a sus sugerencias es una pauta equivocada que repercutirá negativamente en la imagen de la empresa.
- **Ser poco activo.** No solo debe encargarse de interactuar con la comunidad, sino que ha de ser el primero en dinamizar la plataforma. Si el *community manager* es pasivo, esta actitud se les transmitirá fácilmente a los usuarios.
- **No saber encajar las críticas.** Hay que tener en cuenta que en los *social media* se pueden leer opiniones de todo tipo, desde muy positivas a muy negativas. Por eso mismo, un *community manager* no ha de retar públicamente a sus usuarios críticas, sino que hay que mantener la calma, razonar las respuestas antes de contestar y, si tuvieran razón, asumir los errores cometidos.

- **Ser egocéntrico.** No es nada recomendable hablar solo de la empresa y actuar como si no existiera la competencia. Reforzará positivamente la imagen de la misma si, de vez en cuando, se hacen guiños a otras empresas del sector, aunque no sea de forma directa.
- **Borrar comentarios negativos.** Siguiendo la dinámica de actuación para encajar las críticas, hay que evitar eliminar los comentarios negativos, ya que esto dará a los usuarios la sensación de que hay algo que se quiere ocultar o que el comentario tenía razón.
- **No tener un estilo editorial de la empresa.** Es necesario seguir el manual de estilo de la empresa, trazando un modelo concreto de comunicación y de expresión.
- **Volcar opiniones personales en el perfil de la empresa.** El perfil de la empresa es para reflejar la imagen de la empresa, por lo que se debe evitar publicar las opiniones personales en política, religión, deportes o cualquier otra temática a través de la imagen de la empresa.
- **Plagiar contenidos.** Justamente una de las habilidades de un buen *community manager* es la creatividad. Puedes inspirarte en otras ideas o maneras de hacer, pero jamás se ha de plagiar contenido: si no hay otra manera de plasmarlo, mejor evitarlo y no escribirlo.
- **Mentir o inventar.** Antes de contestar a comentarios o publicar algún contenido, se debe estar seguro de la información que se va a transmitir, antes que inventar algo que puede que no acabe ocurriendo.
- **Trabajar aislado del resto de la empresa.** El *community manager* debe informar al resto de la compañía de todas las novedades que vayan sucediendo en los *social media,* tanto lo positivo como lo negativo. Asimismo, ha de estar al tanto de lo que sucede en la empresa y en el resto de departamentos por si es pertinente comunicarlo.

👁 EJEMPLO

Un caso conocido de error cometido por un *community manager* es el de la empresa Fnac, que ante la crítica de un usuario, este le respondió poniéndose a su altura:

Continúa en página siguiente >>

<< *Viene de página anterior*

 ACTIVIDAD COMPLEMENTARIA

8. Lee la siguiente entrevista que le realizaron a José Antonio Gallego, un *community manager* con una larga carrera profesional, y destaca los aspectos que más te llaman la atención sobre su trabajo como *community manager*.

https://redirectoronline.com/comm092po0303

 TAREA 6

Marcos es el propietario de una pequeña tienda de electrónica, y para empezar a crecer ha decidido darse a conocer a través de las redes sociales. Como él utiliza las redes sociales a nivel personal y es una actividad que le gusta, ha decidido, al principio, ser él el *community manager* de las mismas.

Continúa en página siguiente >>

<< Viene de página anterior

Dada su inexperiencia en ese puesto, todavía no tiene muy claras cuáles son las pautas profesionales que ha de llevar a cabo y esto le lleva a cometer errores. Por ejemplo, si algún usuario le hace una crítica negativa, no contesta cordialmente.

En función de esto, identifica y explica cuál es ese error que está cometiendo Marcos, así como el resto de errores que puede cometer un *community manager.*

---

5. Los objetivos de un *community manager*

👉 **HILO CONDUCTOR**

Antes de comenzar con su labor, María debe tener claro lo que quiere conseguir.

¿Qué objetivos ha de perseguir en este nuevo proyecto? ¿Qué objetivos ha de tener como una buena *community manager?* ¿Cuál es la finalidad de su estrategia comunicativa en redes sociales?

La figura del *community manager* no solo tiene responsabilidades y funciones que cumplir, sino que todo ello debe estar encaminado al logro de una serie de objetivos. Estos objetivos van orientados a conseguir el beneficio de la empresa.

Como todo, las tareas a desempeñar por este profesional del *marketing online* han de tener el propósito de conseguir algo, de tener un **fin claro y definido.** Aunque cada empresa tiene un objetivo principal que quiere lograr (como dar a conocer la empresa, que la marca *online* tenga su propia entidad o acabar con una mala percepción de la empresa, por ejemplo), el trabajo del *community manager* siempre tiene algunos objetivos más específicos que cumplir.

El community manager ha de orientar sus tareas y funciones para conseguir los objetivos establecidos por la empresa.

Los **principales objetivos** que ha de perseguir un *community manager* están relacionados con el *marketing online,* con las estrategias de difusión y con la visibilidad de la marca. Al fin y al cabo, su principal tarea consiste en darle voz a la empresa en las plataformas sociales.

Pero además de orientar sus acciones a la consecución de objetivos relacionados con el *marketing online,* el *community manager* también ha de plantearse objetivos relacionados con otros aspectos.

	Objetivos		
Marketing online, estrategias de difusión y visibilidad de la marca	Relaciones públicas	Desarrollo de productos y control de calidad	Embajador de la web 2.0
Fijación de metas y desarrollo profesional	Reporte	Ventas y asociaciones de negocios	Cliente y soporte técnico

5.1. Objetivos de *marketing online,* estrategias de difusión y visibilidad de la marca

Los principales objetivos que ha de perseguir un *community manager* están relacionados con el *marketing online,* con las estrategias de difusión y con la visibilidad de la marca. Al fin y al cabo, su principal tarea consiste en darle voz a la empresa en las plataformas sociales.

Estos objetivos se pueden desglosar de la siguiente manera:

- Ayudar al desarrollo del *marketing online* de la empresa y las estrategias de difusión.
- Crear un sentido de comunidad en torno a la marca.
- Ayudar a la estrategia web de la empresa.
- Monitorear las conversaciones y eventos principales.
- Participar en redes sociales.
- Proteger en redes sociales los nombres de la marca.
- Administrar, asegurar y mantener el éxito del blog de la empresa.
- Asegurarse de que sea una herramienta viable para comunicar a los clientes de la empresa.

5.2. Objetivos de relaciones públicas

Además de orientar sus acciones a la consecución de objetivos relaciona-dos con el *marketing online,* el *community manager* también ha de plantear-se objetivos que son más similares a los de las relaciones públicas. Dichos objetivos pueden clasificarse por:

- Identificar quiénes influyen en su sector, para establecer relaciones y co-laborar con ellos.
- Detectar a los defensores de la empresa que sean más activos para invo-lucrarlos y reconocer, además, sus esfuerzos.
- Dar respuesta de manera profesional a las crisis.
- Conseguir que los proyectos de la empresa se ejecuten de manera efi-ciente, coordinando tanto a los moderadores con los evangelistas y los defensores.
- Enseñar cómo iniciar la conversación y mantenerla.
- Identificar y establecer los objetivos.
- Desglosar las tareas, los plazos y la gestión de los proyectos.
- Asegurarse del cumplimiento de los proyectos.

5.3. Objetivos de cliente y soporte técnico

Al ser la voz de la empresa en las redes sociales ha de conocer perfectamente cuál es el cliente de la misma para identificarlo, dirigirse a él y, del mismo modo, conocer el producto para poder ejercer frente a la comunidad *online* como soporte técnico.

Por tanto, los objetivos más específicos relacionados con este apartado son los siguientes:

- Conocer a la perfección el producto o servicio.
- Escuchar a los clientes, recopilar sus comentarios y agradecerles sus aportaciones.
- Asegurar el ambiente positivo que refleje el compromiso de la empresa para ofrecer un servicio al cliente excelente.
- Supervisar los foros para identificar los problemas.
- Tener un excelente criterio en la comunicación con los clientes en temas polémicos.
- Proteger las necesidades del cliente, equilibrándolas con las necesidades de la empresa.
- Tener diplomacia.

5.4. Objetivos de desarrollo de productos y control de calidad

Siguiendo los objetivos anteriores y la obligación del *community manager* de conocer perfectamente los productos, ha de involucrarse en su desarrollo y en el control de calidad de los mismos. En este caso, se involucra con la recopilación de información que le traspasan los clientes en las comunidades *online*.

Estos objetivos se desglosan en:

- Comunicar las sugerencias de los clientes.
- Aportar ideas para mejorar el producto.
- Participar en los debates sobre el uso del producto.
- Informar sobre los defectos del producto, así como sobre las quejas y reclamaciones a la empresa.

5.5. Objetivos de ventas y asociaciones de negocios

Al estar en contacto constantemente con los clientes y con el desarrollo que tiene el sector al que se dedica la empresa, está también bastante informado sobre cuáles son las nuevas oportunidades de venta, qué llama la atención o qué reclaman los usuarios, por ejemplo. Por eso, ha de hacerse cargo de objetivos que estén en relación con esto.

Los objetivos de ventas y asociaciones de negocios se pueden resumir en dos:

- Identificar las oportunidades potenciales de venta.
- Ser proactivo a la hora de construir relaciones estratégicas para alianzas comerciales.

5.6. Objetivos de embajador de la web 2.0

Teniendo en cuenta que la profesión del *community manager* nació con la explosión de la web 2.0, es lógico que algunos de sus objetivos consistan en orientar sus tareas a convertirse en un embajador de esta web.

Por tanto, estos objetivos se podrían clasificar de manera más específica en los siguientes:

- Fomentar la comunicación interna y el liderazgo.
- Elaborar las directrices para que la empresa sea eficaz y coherente con la imagen de la organización y la estrategia de *marketing.*
- Aumentar el conocimiento de las herramientas web 2.0 en la empresa y capacitar para su uso.
- Enseñar, guiar y animar a los empleados que son nuevos en las herramientas web 2.0.
- Estar disponible para el resto de personas de la compañía para ayudarles con las herramientas web 2.0.
- Trabajar por el cambio de cultura que se necesita para ser una empresa centrada en el cliente.

5.7. Objetivos de reporte

El *community manager* es el que está directamente (y, además, de manera constante) con el usuario, con el cliente y con lo que este opina con respecto a la empresa y sus productos o servicios. Por tanto, tiene una posición privilegiada a la hora de recabar información que es de sumo interés para la compañía. Ha de encargarse, así, de recopilar dicha información para transmitírsela a la empresa.

Los objetivos de reporte que debe seguir un *community manager* son los siguientes:

- Participar en la creación del plan de la comunidad en línea.
- Seguir e informar regularmente de los datos cuantitativos relacionados con los objetivos de negocio.
- Seguir e informar regularmente de toda la actividad, en internet, de la empresa.
- Informar cualitativamente de las respuestas de los clientes.
- Informar de las sugerencias y comentarios a los cargos directivos y ejecutivos.
- Identificar y ofrecer soluciones para las necesidades de los clientes que no están siendo atendidas.

5.8. Objetivos de fijación de metas y desarrollo profesional

Por último, el *community manager* ha de apostar por seguir desarrollándose a nivel profesional, para seguir creciendo y poder fijarse nuevas metas. Es entonces cuando entran en juego marcarse objetivos de fijación de metas y desarrollo profesional.

Estos objetivos no son muchos, pero son verdaderamente importantes:

- Estar al día sobre las nuevas herramientas de *social media*.
- Informarse de cómo otras empresas están utilizando las herramientas *social media* para seguir mejorando.
- Participar en la creación de redes profesionales, interactuando con compañeros y líderes de opinión *online*.
- Asistir a eventos.

6. Tipos de *community managers*

👉 **HILO CONDUCTOR**

Al haberse estado informando bastante a fondo sobre las tareas de un *community manager* y todo lo que a este le rodea, María se ha dado cuenta de que dentro de este perfil profesional se pueden distinguir diferentes tipos. ¿Cuáles son estos tipos? ¿Qué papel le va a tocar desempeñar a ella?

En función de sus principales tareas, su objetivo en redes y su manera de interactuar con la comunidad, es posible distinguir entre tres tipos de *community managers*. Cada uno de estos perfiles responde a una serie de características mínimas que los diferencian a los unos de los otros. Estos tres perfiles son:

6.1. *Community manager* estratégico

El *community manager* estratégico es aquel que **participa en todo el proceso estratégico,** gestionando así toda la estrategia y el plan de acción que se va a llevar a cabo en los *social media.* Se encarga de producir ideas, crear, dar estructura, evaluar y organizar todo ese proceso.

Después de crear la **estructura organizativa y la estrategia** que se va a desarrollar en los distintos perfiles sociales, se encarga de **llevar a cabo** las funciones de un *community manager.* De hecho, en la mayoría de casos se encarga también de hacer los reportes que **evalúan los resultados** de la estrategia, para poder seguir avanzando y reestructurarla en caso de ser necesario.

6.2. *Community manager* ejecutor

El *community manager* ejecutor simplemente se dedica a implementar la estrategia que ya ha sido propuesta por el *social media strategist* o el equipo de comunicación. No se encarga de planificar ni de pensar el plan de acción que se va a llevar a cabo, sino que se encarga de **ejecutar esas tareas** en pos de los objetivos planteados.

Su tarea es, en definitiva, la de desarrollar las siguientes funciones:

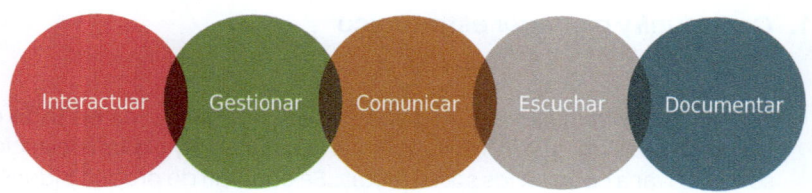

6.3. *Community manager* activador

Otro tipo de *community manager* muy común en las empresas es de activador, y se diferencia del ejecutor porque **lleva a cabo las actividades** propuestas, pero con **flexibilidad y propuestas más creativas.**

El *community manager* activador es capaz de transmitir el mensaje deseado, pero generando diálogo con la comunidad, invitándolos a participar, haciendo que esta se mueva. Es el que se encarga de **hacer vivir la comunidad y mantenerla siempre activa.**

El community manager activador conoce todos los recursos necesarios para interactuar con la comunidad de una manera original y atractiva para el usuario.

 ## ACTIVIDAD COMPLEMENTARIA

9. Busca ejemplos de los diferentes tipos de *community managers* y justifica las razones por las que crees que forman parte de ese grupo.

 ## TAREA 7

Javier es un famoso *community manager* que se encarga de las redes sociales y las plataformas *social media* de una gran empresa que desarrolla su labor a nivel internacional.

Se encarga de llevar a cabo en España las actividades propuestas desde la sede central, pero siempre de un modo flexible, teniendo en cuenta la información que obtiene de la actividad de la comunidad, la interacción que mantiene con sus miembros. A partir de esa participación genera propuestas muy creativas, con las que mantiene activos e interesados a los usuarios.

Continúa en página siguiente >>

<< Viene de página anterior

En base a esto, define qué tipo de *community manager* es Javier, así como determina qué otros tipos de *community managers* existen. Describe cada uno de esos perfiles y las tareas que debe desarrollar el *community manager* en una empresa.

7. Resumen

La aparición de la figura de **community manager** va ligada a la aparición de la web social, la web 2.0, así como a la aparición de un nuevo consumidor llamado *prosumer.* Este nuevo escenario provoca que se cree un nuevo perfil profesional especializado en *marketing online* y en plataformas *social media.*

Sus **tareas y funciones** van relacionadas con avivar la comunidad de usuarios, moderar los debates, crear una buena imagen de la empresa y recopilar toda la información que los usuarios vierten en las redes sociales (tanto positiva como negativa), para trasladársela a la compañía y poder actuar conforme a ella. Para ello, debe reunir una serie de aspectos:

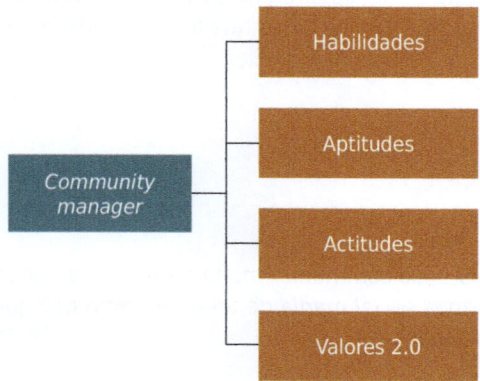

Teniendo en cuenta la evolución que ha tenido el *community manager* en las últimas décadas, es fácil detectar que las funciones y responsabilidades actuales de este profesional van mucho más allá de actuar como un mero animador de cualquier plataforma social, como ocurría antes.

Para llevar a cabo estas tareas, el *community manager* ha de poseer unos valores afines a esta nueva web 2.0, que abogan por el diálogo, la honestidad, la solidaridad y el respeto. Pero aun teniendo muy presentes e interiorizados estos valores que marcan los pasos de cualquier *community manager,* es posible que se comentar **errores bastante comunes,** como son:

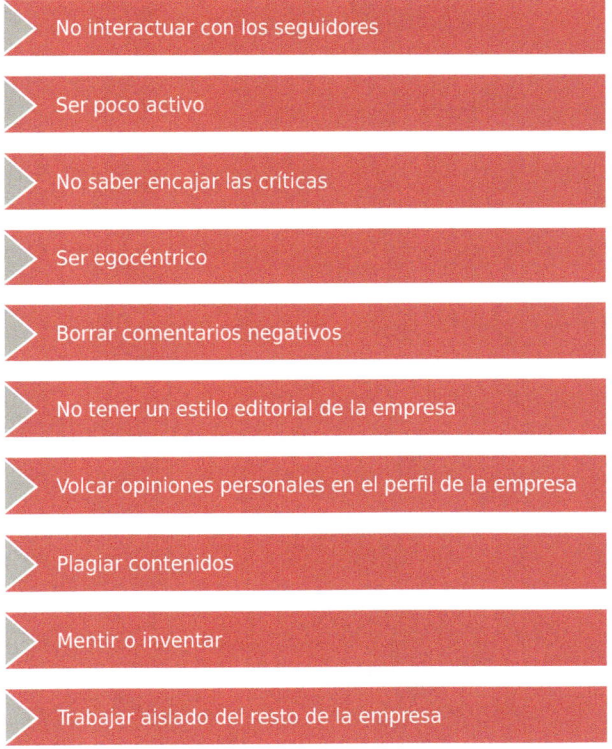

No interactuar con los seguidores

Ser poco activo

No saber encajar las críticas

Ser egocéntrico

Borrar comentarios negativos

No tener un estilo editorial de la empresa

Volcar opiniones personales en el perfil de la empresa

Plagiar contenidos

Mentir o inventar

Trabajar aislado del resto de la empresa

Aun así, es posible diferenciar **tres perfiles muy claros de *community managers:*** el *community manager* estratégico, que se encarga de preparar y llevar a cabo toda la estrategia en los medios sociales; el *community manager* ejecutor, que se encarga meramente de llevar a cabo las tareas asignadas por el Departamento de Comunicación; y el *community manager* activador, que es un perfil encargado de avivar constantemente a la comunidad de usuarios.

Estratégico		Ejecutor		Activador
- Estrategia + puesta en marcha	→	- Puesta en marcha de la estrategia	→	- Activación comunidad - Original y creativo

Ejercicios de autoevaluación
Unidad de Aprendizaje 3

1. ¿Cuál no es una tarea que realiza un *community manager*?

a. Actualizar contenidos.
b. Monitorizar la reputación *online* de la empresa.
c. Crear el eslogan de la empresa.
d. Mantener las redes sociales.

2. El perfil del *community manager* surgió con...

a. ... la web 1.0.
b. ... la llegada de internet.
c. ... la web 2.0 y la aparición del *prosumer*.
d. No se sabe exactamente.

3. ¿Cuál de las siguientes no es una habilidad del *community manager*?

a. Buen conversador.
b. Resolutivo.
c. Escribir rápido.
d. Moderador.

4. Indica si las siguientes afirmaciones son verdaderas o falsas:

a. Una de las aptitudes del *community manager* es tener conocimiento sectorial.

   ■ Verdadero
   ■ Falso

b. No es necesario que un *community manager* tenga valores 2.0.

   ■ Verdadero
   ■ Falso

5. El *prosumer* es...

    a. ... un tipo de usuario que es consumidor de la marca pero que, a su vez, se encarga de crear contenido.

    b. ... un tipo de usuario que no es consumidor de la marca, pero podría serlo si se consigue captar como cliente.

    c. ... un tipo de *community manager*.

    d. ... un tipo de usuario que compra compulsivamente.

6. ¿Con cuál de las siguientes palabras se podría definir a un *community manager*?

    a. Solucionador de problemas

    b. Fotógrafo

    c. Redactor

    d. Diseñador

7. ¿Cuál de las siguientes no es una responsabilidad del *community manager*?

    a. Actualización de contenidos.

    b. Creación de la identidad corporativa de la empresa.

    c. Respuesta rápida a los usuarios.

    d. Lectura sobre temas relacionados con los contenidos.

8. ¿El *community manager* ha de tener objetivos de desarrollo de productos y control de calidad?

    a. No hace falta.

    b. No, porque no es ingeniero.

    c. Sí, porque toda la responsabilidad recae sobre él.

    d. Sí, porque ha de comunicar las sugerencias que hacen los clientes.

9. ¿Qué tipos de *community managers* existen?

    a. Estratégico, ejecutor y redactor.

    b. Redactor, ejecutor y activador.

    c. Estratégico, ejecutor y activador.

    d. *Freelance,* ejecutor y activador.

10. **El *community manager* ejecutivo se encarga de:**

    a. Desarrollar la estrategia de social media.
    b. Dinamizar y mantener siempre activa la comunidad.
    c. Evaluar los resultados de la estrategia de social media.
    d. Todas las opciones son correctas.

Redes y web 2.0 (I)

Contenido

Objetivos

El objetivo general de esta Unidad de Aprendizaje es:

→ Conocer las principales redes sociales que las empresas pueden usar a nivel profesional.

Los objetivos específicos de esta Unidad de Aprendizaje son:

→ Identificar las características y utilidad de los medios sociales.

→ Establecer una clasificación de las redes sociales según su función.

→ Señalar las peculiaridades de las redes sociales más importantes.

→ Describir las posibilidades que ofrecen las distintas redes sociales para el *marketing* de la empresa.

1. Introducción

En la actualidad, todo el mundo está conectado a internet, tanto de manera individual como de forma corporativa en nombre de una empresa. Es indudable que la web ofrece incontables herramientas para conocer a otras personas relacionadas con tu ámbito profesional, para poner en marcha campañas de publicidad y para conseguir los objetivos que te propongas.

Por esta razón es tan importante tu **presencia en internet,** especialmente en las tan conocidas **redes sociales,** que no solo proporcionan un espacio de ocio y de entretenimiento, sino que también son de gran **utilidad a nivel profesional.** Es un error pensar que solo los jóvenes las utilizan, ya que en la actualidad existen redes sociales enfocadas a intereses tan heterogéneos que no existe un perfil único de los usuarios.

Cada red social posee sus propias características: *YouTube* es muy diferente a *LinkedIn;* sin embargo, a pesar de estas características específicas, todas ellas comparten la inmediatez, la posibilidad de interacción, el contenido generado de manera constante por el usuario y, sobre todo, la facilidad que suponen.

Así, *YouTube, LinkedIn* y *Spotify* pueden parecer plataformas radicalmente distintas, pero comparten una serie de **características comunes a todas las redes sociales.** Características que el *community manager* debe tener en cuenta y de las que, sin duda, puede beneficiarse.

A lo largo del contenido verás una descripción de cada una de estas redes sociales, sus particularidades y sus funciones principales, así como las posibilidades que ofrecen para el *marketing* de la empresa.

Para el desarrollo de este contenido nos basaremos en el caso de María, una joven Graduada en *Marketing* que se incorpora por primera vez al mundo laboral, trabajando en una agencia de publicidad.

2. Medios sociales

☞ **HILO CONDUCTOR**

En el proyecto en el que está participando, a María le encargan actuar como *community manager* de una nueva empresa. Para ello, debe diseñar una estrategia y ha de seleccionar las plataformas sociales que más útiles pueden serle a su cliente.

Lo primero que ha de hacer es conocer cuáles son cada una de estas plataformas para poder estudiar a fondo la viabilidad de las mismas en su proyecto. Para empezar, debe conocer los medios sociales. ¿Qué son exactamente? ¿Qué características tienen?

Los medios sociales –o *social media*– son **plataformas web en las que el usuario puede publicar** su propio contenido (imágenes, vídeos, textos, etc.) y compartirlos con toda la red o con un grupo reducido de usuarios.

Las **características principales** de los medios sociales son las siguientes:

- **Participación.** Los usuarios pueden compartir su opinión en foros, tiendas, blogs, *post,* etc.
- **Acceso fácil.** Cualquier persona puede acceder a la web desde distintos sitios del planeta de manera fácil.
- **Customización.** Estos medios pueden ser modificados de acuerdo a las necesidades de cada persona.
- **Conversación.** Las personas se pueden comunicar de forma fácil en la red, vía *Skype,* por ejemplo.
- ***Networking.*** La web 2.0 permite que se puedan realizar conexiones con personas con unos mismos intereses profesionales.
- **Posibilidad de compartir.** Se pueden intercambiar fotos, vídeos, música, etc.
- **Contenido generado por el usuario.** Muchas personas pueden crear contenido y subirlo a diversas plataformas para promocionarlo.

SABÍAS QUE...

Más del 66 % de la población mundial utiliza Internet, sumando un total global de 5,35 mil millones de usuarios. Además, el 69.4 % de la población mundial, equivalente a 5,61 mil millones de personas, utiliza dispositivos móviles.

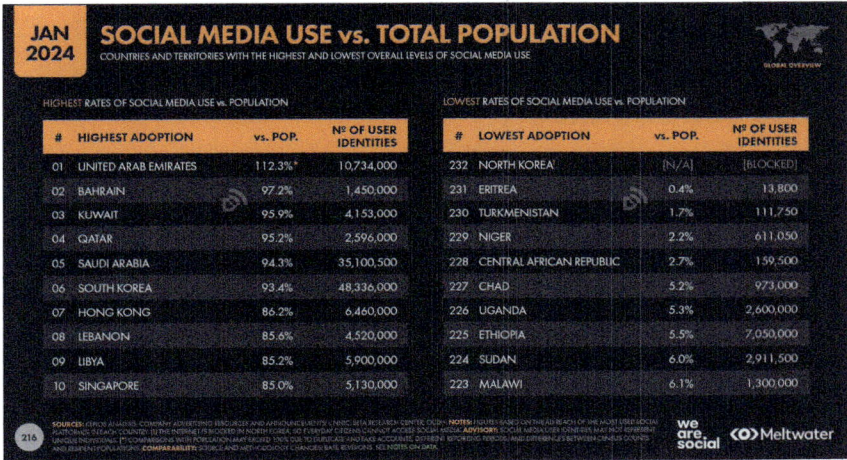

Países y territorios con mayor y menor uso de las redes sociales

TAREA 8

Jacinta, una señora de 80 años, quiere montar una tienda de pajaritas exclusivas confeccionadas a mano, ideales para celebraciones importantes y para ocasiones especiales. Su nieto le ha dicho que la mejor idea es gestionar el negocio *online*, pero Jacinta no sabe nada de internet, así que tiene que informarse ella misma (y con la ayuda de su nieto) para entender cómo puede colgar en la web el mensaje que desea y conseguir encontrar a personas interesadas en sus pajaritas.

Además, a Jacinta le gusta soñar, a pesar de su edad, de modo que no solo pretende dar con compradores directos, sino que también quiere contactar con otras empresas de moda para que sus pajaritas de diseño lleguen a las pasarelas de los grandes diseñadores.

Continúa en página siguiente >>

<< Viene de página anterior

¿Cuáles son las características que debe tener en cuenta Jacinta cuando comience a informarse sobre la utilidad de los medios sociales para un negocio en internet? ¿Cuál crees que es la más importante para lograr sus objetivos?

Identifica dichas características y aporta ideas de *marketing* en función de las mismas para que Jacinta consiga poner en marcha su negocio.

- -

3. Redes sociales

 ## HILO CONDUCTOR

Del mismo modo, María ha de saber bien cuál es el panorama actual de las redes sociales, cuáles son las más conocidas ahora mismo, cómo se agrupan y cuáles son las características y funcionalidades principales de cada una.

- -

El concepto **red social** proviene de la sociología y hace referencia al grupo de enlaces personales, de amistad y de familia que tiene una persona a lo largo de su vida.

En internet este concepto es empleado para referirse a toda página web que permite establecer la relación de unos usuarios con otros.

 ## DEFINICIÓN

Red social
Es una plataforma digital de comunicación global que pone en contacto a un gran número de usuarios.

- -

Las redes sociales permiten a las personas interactuar, conectar con sus amigos, crear nuevas amistades y compartir con ellos contenidos o intereses similares (trabajo, ocio, cultura, etc.).

Las redes sociales están al alcance de cualquiera y son especialmente utilizadas por los jóvenes.

Se puede realizar una **clasificación de las redes sociales** en función del objetivo con el que se establezcan las relaciones en las mismas:

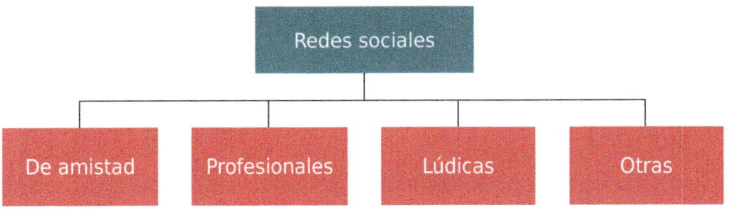

A continuación, verás las características y algunos ejemplos de cada tipo de red.

3.1. Redes de amistad

👉 HILO CONDUCTOR

Las primeras redes sociales con las que se encuentra María, o mejor dicho, las primeras que recuerda son las de amistad, ya que son las que utiliza a nivel personal para compartir su propio contenido y estar en contacto con sus amigos.

¿Podrá orientar alguna red social de este tipo para la creación de una campaña de comunicación publicitaria para su cliente?

Las redes de amistad son aquellas destinadas a establecer relaciones sociales entre los usuarios y **crear vínculos de amistad o cercanía.** Sin embargo, esto no impide que muchas empresas las utilices con **fines comerciales.**

Gracias a las redes sociales puedes conocer a personas de diferentes partes del mundo.

Facebook

Facebook es una plataforma donde los usuarios pueden **mantenerse en contacto** con un grupo de amigos y **compartir** con ellos **contenidos** de todo tipo (fotografías, textos, vídeos), además de **conversar por chat** o en grupos sociales, pueden de estar al tanto de las **noticias** de sus marcas favoritas.

El poder de *Facebook* ha sido tan abrumador, que la compañía no solo adquirió *Instagram* y *WhatsApp,* sino que también evolucionó para convertirse en Meta, un conglomerado que no solo engloba estas influyentes redes sociales, sino que también abarca una amplia gama de productos tecnológicos innovadores, redefiniendo su enfoque y expansión en el universo digital.

Facebook es la red social más utilizada del mundo.

SABÍAS QUE...

El creador de *Facebook*, Mark Zuckerberg, diseñó esta red social mientras estudiaba en Harvard, con el objetivo de crear un espacio en el que los alumnos pudieran comunicarse y compartir contenido a través de internet. Tras su creación tuvo que hacer frente a las acusaciones de la universidad por un supuesto *hackeo*, así como a sus compañeros, que lo demandaron por robo de ideas. Actualmente figura en las listas de personas más ricas del planeta.

Por otro lado, *Facebook* ofrece un sinfín de posibilidades en cuanto a la **gestión de la comunicación con clientes** y futuros clientes. La **creación de una *fan page*** puede aportar grandes beneficios a la empresa.

IMPORTANTE

Una *fan page* no es lo mismo que un perfil personal. Es una herramienta diseñada por personas que desean desarrollar o emprender un negocio a través de la red, de modo que se utiliza para promocionar una marca corporativa y generar mayor exposición. Es una manera sencilla de captar la atención de futuros clientes y promocionar un artículo, producto o servicio.

Frente a un perfil personal, las **ventajas** que ofrece una *fan page* son las siguientes:

> **Más visibilidad**
> - La *fan page* es visible para todos, no necesita que el usuario solicite una petición de amistad para poder acceder a ella; la página estará visible para todo aquel que acceda a través de un simple **Me gusta.**

> **Métricas**
> - Aparece la trayectoria de la comunidad en el mismo panel de administración. *Facebook* muestra la acción social, el impacto y el número de seguidores.

Continúa en página siguiente >>

<< Viene de página anterior

Grandes aliadas del SEO
- Las *fan page* suelen ser mejores que los perfiles personales en gran medida porque tienen un mejor posicionamiento que estos, de manera que las empresas las prefieren para ser localizadas de forma más rápida en la web.

Publicidad
- En el ámbito empresarial, los anuncios patrocinados hipersegmentados pueden aparecer en la *fan page* y ser de gran ayuda en cuanto a visibilidad.

Aplicaciones disponibles
- Además de las opciones de la propia red social, *Facebook* ofrece infinidad de aplicaciones para solucionar las necesidades de cualquier usuario o empresa.

Interacción
- Al crear un perfil de empresa puedes enviar el mismo mensaje de bienvenida a todos tus seguidores, lo que permite optimizar los tiempos dedicados a las acciones de *marketing*. Además, los hilos de debate y los foros favorecen la interacción con el usuario.

Facebook puede ser de gran utilidad para la empresa; además de las ventajas de la página frente al perfil personal, aporta otros **beneficios muy relacionados con los negocios:**

- ➲ **Branding.** *Facebook* es una herramienta perfecta para gestionar la marca de tu empresa y darla a conocer. Así estarás ampliando la presencia de tu marca en internet.
- ➲ **Canal de comunicación con tus clientes.** Para comunicarte con tus clientes o potenciales clientes, puedes dejar comentarios en las publicaciones de su muro o bien mediante un mensaje privado. Esta opción la puedes encontrar sobre el encabezado de las *fan page*.
- ➲ **Gestionar la reputación *online*.** Tener una buena reputación en la web es muy importante. De una mala crítica puedes aprender, pero para ello tienes que detectarla a tiempo y solucionar la incidencia. Si hacen un mal comentario sobre tu empresa y contestas correctamente, es posible que ese comentario se convierta en una prueba de eficiencia y gratitud.
- ➲ **Generar tráfico a tu web.** Las redes sociales son una manera de redireccionar a otros usuarios a tu sitio web. Si publicas un enlace a las últimas

novedades de tu empresa, pronto se incrementará el número de visitas considerablemente.

- **Comunicación personalizada.** Esta opción te permite segmentar el contenido o el mensaje según el público al que quieras dirigirlo. Si el mensaje está enfocado únicamente a personas menores de 30 años, por ejemplo, antes de publicarlo puedes indicarlo con la opción de segmentar el *post,* de manera que solamente llegue a los *fans* que responden a ese perfil. Así lograrás ser mucho más eficaz.
- **Conocer y fidelizar a tus clientes.** Para mejorar en tus servicios y en tus ofertas, es muy importante esta herramienta, ya que te ayudará a saber qué les gusta a tus clientes, así como a explicarles la filosofía del negocio y a ganar su confianza.
- **Cercanía emocional.** Para un mejor funcionamiento de tu negocio, la cercanía es esencial. Si consigues que tus clientes se sientan cómodos y tengan un trato cercano, la imagen de tu empresa o de tu marca mejorará bastante. Esto no quiere decir que debas tomar confianza rápidamente o que tus publicaciones sean demasiado informales o familiares, sino que tu contenido les genere confianza y puedan ser capaces de identificarse con él.
- **Comunicarte con potenciales clientes.** *Facebook* es una red social que favorece a la viralidad, de modo que tu mensaje puede alcanzar a personas de todo el mundo, muchas de ellas podrían ser potenciales clientes. Por otro lado, para dar a conocer tu negocio te resultarán muy útiles las campañas de publicidad de *Facebook Ads.*

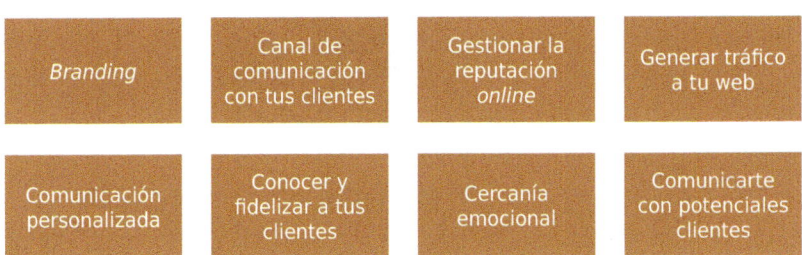

De gestionar estas ventajas y de sacarles el máximo provecho se encarga el *community manager.*

Por otro lado, además de estos beneficios generales que aportan las páginas de *Facebook* a la empresa, la red social facilita **otros recursos o herramientas** que pueden ser igualmente útiles para el *community manager:*

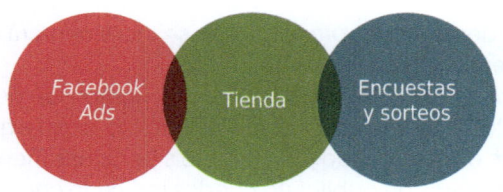

En general, *Facebook* es una de las redes sociales más completas y utilizadas por las empresas para conseguir una publicidad efectiva. La posibilidad de incluir contenido multimedia como fotos o vídeos resulta muy atractiva para el público y te permite atraer a potenciales clientes, al mismo tiempo que es perfecta para fidelizar a los que ya tienes, gracias a todas las herramientas que pone a tu disposición (tienda, administrador, encuestas, sorteos...).

 PARA SABER MÁS

Accede, desde el siguiente enlace, a la página de ayuda para empresas de Meta, en la que podrás conocer más detalles sobre las posibilidades que ofrece esta red:

https://redirectoronline.com/comm092po0401

Facebook Ads

Facebook Ads es el administrador de anuncios de Meta, una herramienta todo en uno para crear anuncios, gestionar cuándo y dónde ponerlos en circulación y realizar un seguimiento del rendimiento de las campañas que realices en *Facebook* y/o en *Instagram*.

En el administrador puedes seleccionar parámetros de campaña, como el objetivo y el público. También puedes administrar otras tareas: subir el contenido que deseas anunciar, escribir el texto que se mostrará y comprobar cómo aparecerán tus anuncios en distintos dispositivos.

Facebook Ads está pensado para usuarios con distintos grados de experiencia, por lo que puedes encontrar dos opciones a tu disposición: la creación guiada y la creación rápida.

Creación guiada	Creación rápida
- Esta opción ofrece indicaciones sobre las acciones necesarias para publicar una campaña de publicidad mediante un asistente paso a paso. Está especialmente enfocada a los anunciantes poco familiarizados con el funcionamiento de las campañas publicitarias de *Facebook*.	- Esta opción es la más recomendable para los anunciantes avanzados, que suelen conocer el antiguo proceso de creación de anuncios de *Power Editor*. Además, los anuncios se pueden importar después en los formatos de texto determinados o *Excel*.

IMPORTANTE

El administrador de anuncios de *Facebook* te permite administrar tus campañas de manera sencilla. Te proporciona informes en tiempo real que indica lo que realmente funciona en tu campaña. Además, hay una aplicación para móvil con la que puedes crear y editar anuncios, realizar el seguimiento de su rendimiento y administrar el calendario y el presupuesto de tu publicidad; por supuesto, estés donde estés.

Tienda online

Otro recurso útil que puedes encontrar en tu página de *Facebook* es la **Tienda *online*.** Hoy en día puedes encontrar infinidad de posibilidades para crear una tienda *online,* y vincularla a *Facebook* es siempre una apuesta segura. De hecho, lo habitual es, incluso, crear tu tienda *online* a través de la propia página.

NOTA

Desde el año 2017 *Facebook* ha incorporado en su interfaz la posibilidad de crear una tienda que esté ligada a la página del negocio, sin necesidad de utilizar aplicaciones externas.

- -

Ahora bien, ¿cómo puedes **añadir una tienda a tu página de *Facebook*?** El proceso es bastante sencillo. A continuación, puedes ver las opciones de las que dispones para crear tu tienda.

Con la aplicación nativa

Esta opción permite crear una tienda *online* a través de la propia página.

Desde tu página de *Facebook* accede al **Administrador de ventas** (conocido anteriormente como Administrador comercial de *Facebook)* y selecciona la opción para crear una nueva tienda. Selecciona *"Facebook"* como tu plataforma, configura el método de compra para redirigir a los clientes (mensaje para comprar o pagar en tu sitio web) y después vincula tu página de *Facebook* a la tienda. Ya solo tendrás que completar la información que te solicite y subir el catálogo de productos para después enviar tu solicitud de revisión de la tienda para que *Facebook* te la apruebe.

Con Marketplace

Marketplace es una sección que ofrece *Facebook* y que se encuentra dentro de la propia aplicación. Esta nueva plataforma sirve para comprar y vender productos entre los usuarios de la red social. No se crea una tienda nueva como tal, sino que los productos se añaden a la propia tienda de *Marketplace*. Además, te permite la opción de seleccionar en qué ciudad y en qué radio quieres comprar y vender.

Para comenzar a vender tan solo tienes que hacer clic en la pestaña **Vender algo** y especificar las características de tu producto.

Administrador de catálogos de Facebook

El Administrador de catálogos de *Facebook* (que sustituye a *Facebook Shooping),* es una herramienta que permite a las empresas organizar y gestionar sus productos. Para acceder a ella, debes dirigirte al **Administrador de ventas** y seleccionar la opción para gestionar catálogos. Luego crea un nuevo catálogo de productos y añade los artículos que deseas vender, incluyendo detalles como descripciones, precios e imágenes.

También puedes crear tu tienda de forma externa y posteriormente enlazarla a *Facebook*. Para ello, dispones de aplicaciones específicas, entre las que se encuentran Palbin, Beetailer, Tiendy, Wix y Shopify.

Vídeos en vivo

Los vídeos en vivo en *Facebook* ofrecen a las marcas una herramienta para ser más dinámicas e interactuar en tiempo real con su audiencia, aumentando la visibilidad y el compromiso. Como *community manager* puede utilizarse desde el lanzamiento de productos, realizar un preguntas y respuestas, compartir eventos en vivo o mostrar el día a día o lo que hay detrás de la marca, creando una conexión auténtica y fomentando la lealtad de la marca.

 CONSEJO

El vídeo en vivo, también conocido como *Facebook Live*, es una herramienta poderosa y versátil que entraña ciertos riesgos; al no controlar lo que puede suceder a futuro, hay que intentar controlar todos los componentes posibles de dicha emisión en directo para evitar posteriores crisis de comunicación.

APLICACIÓN PRÁCTICA

Emma ha creado una página de *Facebook* para su empresa de viajes intercontinentales. A pesar de que el negocio funciona bastante bien, Emma quiere llegar a un mayor número de usuarios mediante anuncios que capten la atención del público.

Indica qué función de *Facebook* le permitirá crear una campaña de anuncios para su página.

Solución

Para crear una campaña de anuncios para su página, Enma puede utilizar *Facebook Ads,* que es el administrador de anuncios de *Facebook;* una herramienta todo en uno para crear anuncios, gestionar cuándo y dónde ponerlos en circulación y realizar un seguimiento del rendimiento de las campañas.

- -

X

En *X* puedes enviar y leer mensajes cortos de 280 caracteres (tradicionalmente 140), aunque si cuentas con una versión de pago, tienes la oportunidad de escribir hasta 25.000 caracteres. Estas publicaciones se denominan *posts* y en ellos, además de texto, puedes compartir fotografías, vídeos, *gifs* o enlaces. En la actualidad se mantiene como una de las redes sociales más utilizadas, con más de 602 millones de usuarios activos mensuales.

X es una red de microblogging, caracterizada por la sencillez y síntesis del contenido.

SABÍAS QUE...

X (antigua *Twitter*) ha sido identificada por la Comisión Europea como la red social que más desinforma. Esto es debido a la rapidez e inmediatez de los *posts* que se publican, una media de 6.000 *posts* por segundo, según la consultora David Sayce.

Debido a que los *posts* tienen una capacidad de texto limitada, se han puesto de moda los ***threads* o hilos.** Esto consiste en **contestar a tu propio *posts*** y de esa manera continuar el mensaje que querías transmitir. Así puedes contar historias, escribir textos de mayor extensión o hacer recopilaciones de enlaces, fotos, vídeos, etc.

 EJEMPLO

Un ejemplo significativo de hilo, que además tuvo fines publicitarios, es el que Manuel Bartual lanzó en el verano de 2017. Bartual es un dibujante español que pasó de ser alguien ligeramente conocido a ser un auténtico fenómeno de masas. A través de un hilo narró la perturbadora historia de sus vacaciones, con sucesos paranormales y una verdadera trama que parecía sacada de un *thriller*. Los seguidores eran testigos a tiempo real de lo que le sucedía; él, por su parte, era muy inteligente y sabía cómo mantenerlos expectantes, ya que posteaba a horas específicas que en ocasiones anunciaba con antelación.

Gracias a su historia se hizo mundialmente conocido: los usuarios comenzaron a traducir su hilo a otros idiomas. Ganó más de 300.000 seguidores en unos pocos días y su caso salió en los medios. Fue una estrategia de publicidad llevada a cabo con éxito.

Post con el que Bartual inició su famoso hilo

Fragmento del hilo de Manuel Bartual

¿Qué **beneficios** ofrece *X* a las empresas?

⊃ **Tiene gran capacidad de difusión de contenidos.** *X* cuenta con millones de usuarios que leen y comparten los contenidos que más les interesan continuamente. Tener presencia en *X* y saber hacer que tus seguidores compartan tu contenido puede ayudar a dar más visibilidad a la empresa.

- **Permite escuchar de forma activa a los usuarios.** Si hay una red diseñada para que los usuarios opinen, esa es *X*. Esto supone una gran ventaja a la hora de averiguar, casi instantáneamente, lo que gusta y lo que no. De esta forma ayuda a identificar problemas en el negocio o a conversar con el público directamente.
- **Tiene un público muy heterogéneo.** *X* no es una red social con un *target* bien definido, como puede ser *LinkedIn*. En *X*, por el contrario, hay usuarios de todo tipo: profesionales del *marketing,* famosos, adolescentes, médicos, etc.
- **Es una fuente muy buena de tráfico hacia tu web.** Puedes compartir los artículos de tu blog o de tu página web y generar visitas.
- **Da visibilidad a tu negocio en buscadores.** *X* se posiciona muy bien en *Google,* por lo que cuando los usuarios busquen tu empresa enseguida saldrá tu cuenta, aunque tu web no sea demasiado conocida.

 DEFINICIÓN

Target
Público al que van dirigidas las acciones de la empresa.

 PARA SABER MÁS

Accede al siguiente enlace en el que podrás comprobar todo lo que le puede ofrecer *X* a las empresas y cómo debe desarrollar su trabajo un *community manager* en esta red social:

https://redirectoronline.com/comm092po0402

YouTube

YouTube es un portal en el que cualquier persona puede subir y visualizar una gran cantidad de vídeos. Fue creado en febrero de 2005 por Chad Hurley, Steve Chen y Jawed Karim, quienes se conocieron trabajando en *PayPal*.

Su importancia es tan grande a nivel mundial que ha nacido una **nueva profesión: *youtuber.*** Los propietarios de los canales más famosos pueden ganar cientos de dólares con una sola reproducción.

YouTube es propiedad de Google, desde que lo compró en 2006.

 **SABÍAS QUE...**

El *youtuber* más famoso del mundo es el estadounidense MrBeast, con más de 240 millones de suscriptores, con un patrimonio generado cercano a los 500 millones de dólares.

YouTube es una plataforma muy útil para las empresas. Abrir un nuevo canal supone una gran cantidad de visitas que se generan como consecuencia de lo novedoso. Es el medio perfecto para **dar a conocer tu marca,** mostrando tus productos, tus objetivos y la imagen de tu empresa.

Algunas **recomendaciones** para darte a conocer en *YouTube* son las siguientes:

- ➲ ***Playlist:*** son muy eficientes en *YouTube*. Debes fijarte en cuáles son las más populares para encontrar la manera de generar visitas o incluso introducir alguno de tus vídeos en ellas, para atraer la atención del usuario.
- ➲ **Etiquetas:** siempre son una herramienta útil para darse a conocer en cualquier red social. Existe una extensión de *Chrome* llamada *YouTube Tags,* que muestra directamente las etiquetas que tiene cada vídeo. Pue-

des buscar los vídeos que aparecen en las primeras posiciones de tu palabra clave y añadir las etiquetas de esos vídeos en el tuyo.

- **Comentarios:** incita al final de tu vídeo a que el público comente, haciéndoles preguntas, sugiriendo su opinión o su propia experiencia. También puedes comentar los vídeos más populares relacionados con tu tema y dejar la dirección de tu vídeo para que puedan visitarlo otros usuarios interesados.
- **Palabras clave:** en los títulos de los vídeos deben figurar las palabras clave. Puedes utilizar herramientas como *Keyword tool* para obtener sugerencias de palabras clave, tanto de *YouTube* como para otras redes sociales.
- **Duración:** se tiene la creencia de que los vídeos no deben sobrepasar los diez minutos para mantener al espectador atento; pero esto no es siempre cierto. Los vídeos pueden ser largos siempre que el contenido sea relevante.
- **Los 15 segundos de oro:** los primeros 15 segundos son imprescindibles, ya que es cuando el usuario decide si quedarse a ver el resto del vídeo o no. En ese tiempo debes presentarte y tratar de transmitir tu credibilidad, además de intentar llamar la atención de alguna manera según la información que vayas a ofrecer.
- **Métricas de *YouTube Analytics:*** las estadísticas que ofrece *YouTube* permiten identificar el interés de los espectadores y conocer la media de visualizaciones.
- **Índice de contenidos:** elaborar un índice ayuda a que la gente vaya directamente al minuto del vídeo que más les interesa y sirve al mismo tiempo para ordenar los contenidos.
- **Embeber tus vídeos:** embebe o incrusta tus vídeos en algún blog o página web. Incluirlo en un *post* de tu blog puede generar muchas más reproducciones. Desde *YouTube* tan solo hay que pulsar la opción **Insertar.**
- ***Streaming:*** la posibilidad de hacer directos a través de *YouTube* es otra posible opción para tu negocio, ya que los vídeos en *streaming* generan mucha interacción, visitas y alcance. Una vez terminados aparecen en el canal como vídeos normales, con la diferencia de que han sido grabados en tiempo real.

 **PARA SABER MÁS**

Puedes acceder a la página web de *YouTube* a través del siguiente enlace:

Continúa en página siguiente >>

<< Viene de página anterior

https://redirectoronline.com/comm092po0403

 ACTIVIDAD COMPLEMENTARIA

---

10. Selecciona los primeros vídeos de *YouTube* Tendencias y busca sus etiquetas. Algunas puede que estén en la descripción, otras en los comentarios. Si no las encuentras, puedes utilizar alguna herramienta que te permita realizar la búsqueda.

Instagram

Instagram es una aplicación, propiedad de *Facebook,* que permite a sus usuarios **subir fotos y vídeos acompañados de un texto** en la descripción.

Existe la opción de **editar las imágenes** aplicando diversos efectos, filtros, marcos, escalas de tonos y temperatura, colores retro, o *vintage,* etc., para compartirlas no solo en *Instagram,* sino en *Facebook* de forma simultánea. También puedes crear ***stories* o historias** (publicaciones que desaparecen a las 24 horas), una opción que inicialmente solo se encontraba en aplicaciones como *Snapchat.*

Instagram es una red social basada en el componente visual.

SABÍAS QUE...

Al igual que ha ocurrido con *YouTube,* algunos usuarios de *Instagram* se han hecho tan populares que se les llama *instagramers.* Muchas marcas les ofrecen sus productos para que los promocionen y así consiguen dinero y publicidad al mismo tiempo.

- -

Desde que *Facebook* compró *Instagram,* los cambios más significativos que se han producido son los siguientes:

Introducción de los **Instagram Stories**
- El mismo año de la compra se introdujo esta herramienta que compite con *SnapChat,* como ya has visto.

Posibilidad de crear un **perfil de empresa**
- Mediante este se pueden ver las estadísticas más importantes de la cuenta, como el número de impresiones, el alcance de las publicaciones, datos demográficos y ubicación.

Lo más reciente, la introducción de **vídeos cortos**
- En 2019 se incluyeron los *reels,* publicaciones de vídeos verticales de hasta 15 segundos de duración. En la actualidad se pueden subir *reels* de 15, 30, 60 o 90 segundos de duración.

Las posibilidades que permiten el perfil de empresa han supuesto un gran avance, ya que esas acciones son algo imprescindible para las compañías.

 **SABÍAS QUE...**

Instagram cuenta con más de 1.200 millones de usuarios activos mensuales, y más de 500 millones de cuentas utilizan *Instagram Stories* a diario.

Gracias a estas nuevas herramientas proporcionadas por *Instagram,* profesionales y empresas de todos los tamaños pueden tener un **perfil comercial y lograr grandes beneficios.** Estas permiten:

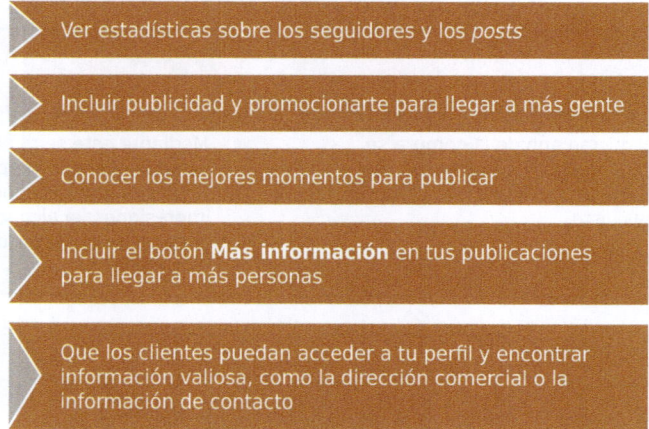

Ver estadísticas sobre los seguidores y los *posts*

Incluir publicidad y promocionarte para llegar a más gente

Conocer los mejores momentos para publicar

Incluir el botón **Más información** en tus publicaciones para llegar a más personas

Que los clientes puedan acceder a tu perfil y encontrar información valiosa, como la dirección comercial o la información de contacto

Las *stories* son una herramienta para **captar la atención de los usuarios;** en ellas puedes añadir tu ubicación, citar a otras personas e incluso incluir enlaces directos que se abren deslizando una pestaña hacia arriba, lo cual genera mucho tráfico a tu web, blog o cualquier otro sitio.

 **VÍDEO**

Observa este vídeo en el que puedes aprender cómo abrir un perfil enfocado en *Instagram* a los negocios en unos sencillos pasos. Para ello, se parte de una cuenta personal.

Continúa en página siguiente >>

<< Viene de página anterior

https://redirectoronline.com/comm092po0404

A la hora de gestionar un perfil de empresa en *Instagram* pueden serte útiles estos **consejos:**

- **Escoge bien los *hashtags*.** El uso de *hashtags* aumenta la posibilidad de que aparezca tu publicación en el motor de búsqueda de *Instagram.* Utilizar entre 5 y 15 *hashtags* en cada *post* es una buena opción para aumentar el alcance de tu contenido. Por otro lado, una buena idea es crear una lista de *hashtags* relacionados con el sector del negocio, analizarlos y observar el tipo de contenido que publican otras cuentas con ellos. Así puedes ver cuáles son los más utilizados y los que tienen una mayor proyección.
- **Utiliza *Instagram Stories*.** Los *Stories* aparecen en la parte superior del *timeline;* por lo tanto, son lo primero que ven los usuarios cuando entran en la aplicación. A los más jóvenes les encanta ver contenidos breves y dinámicos que se generan continuamente. Los *stories* desaparecen en 24 horas, aunque *Instagram* ha incorporado la opción de anclarlos al perfil y hacer colecciones. Esta herramienta sirve, por tanto, para subir un contenido diferente al que sueles subir al perfil, que suele ser más serio. Es importante utilizar elementos como pinceles, *stickers* o *gifs* para hacerlos llamativos.
- **Crea concursos.** Al igual que en otras redes sociales, los concursos y sorteos son una forma fácil de ganar seguidores y de garantizar la participación de los que ya tienes. Puedes utilizar etiquetas para llegar a más gente y generar interacciones. Otra opción es vincular la cuenta de *Instagram* a *Facebook* y de este modo aumentar las posibilidades.
- **Etiqueta a *influencers*.** Recientemente ha surgido este concepto nuevo para dar nombre a aquellas personas que tienen muchos seguidores en las redes sociales y cuyas publicaciones influyen o repercuten en el público. Puedes encontrar *influencers* en el campo de la moda, de los viajes, de los juegos y, por supuesto, en los negocios. Etiquetar a estas personas en los *posts* que tengan relación con su marca ayudará a que

nuevos usuarios encuentren tu perfil. Y el éxito estaría asegurado si consigues que ellos te etiqueten en sus publicaciones.

 SABÍAS QUE...

En el año 2016 *Instagram* fue la red social que tuvo un mayor crecimiento, en junio publicó en su blog corporativo que superó los 500 millones de usuarios, de los cuales 300 millones entran al menos una vez al día. En el mismo texto señaló que el 80 % de los usuarios están fuera de los Estados Unidos, dato que demuestra que la aplicación tiene un alcance verdaderamente internacional. A esto hay que sumarle que los datos no son solo de cuentas personales, sino también de empresas: el crecimiento de cuentas corporativas fue de un 55 %. Esto pone de manifiesto que es de vital importancia utilizar esta red social, que está superando incluso a *X* en cuanto a número de seguidores.

Aunque la propia aplicación de *Instagram* ofrezca muchas posibilidades para los perfiles de empresa y haya incorporado nuevas actualizaciones, el *community manager* puede servirse de **otras apps para gestionar mejor las cuentas** de esta red social. Algunas de las herramientas que pueden ser de utilidad son las siguientes:

- ➲ *Iconosquare.* Es una de la las herramientas más potentes a la hora de gestionar una cuenta de *Instagram*. Es una herramienta de pago, aunque puedes probarlo de forma totalmente gratuita durante 7 días. Destaca por la cantidad de datos y estadísticas que puedes consultar sobre tu cuenta y sobre cada una de las publicaciones que realizas en ella. Te permite entender a tus seguidores consultando el historial de crecimiento de tu cuenta, el porcentaje de interacción según las horas de publicación, los filtros aplicados a las fotografías, *hashtags,* número de seguidores ganados y perdidos y mucho más.

Todo esto te ayudará a crear mejores estrategias a la hora de gestionar tus cuentas; por otro lado, te permite también responder a los comentarios directamente desde su web, descubrir otras cuentas, dar *likes* al contenido de otros usuarios, etc.

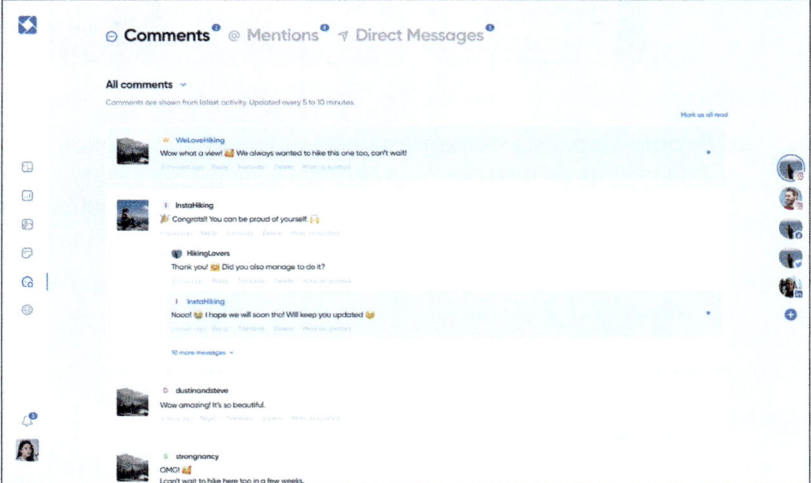

● ***Hootsuite.*** Esta herramienta está pensada para gestionar varias cuentas al mismo tiempo, tanto de *Instagram* como de otras redes sociales. Puedes programar el contenido para que se publique cuando lo desees, sin necesidad de hacerlo a tiempo real. Instalando su app en tu dispositivo móvil recibirás notificaciones a cada una de las horas programadas.

La versión gratuita de *Hootsuite* te permite gestionar hasta 5 cuentas de distintas redes sociales, mientras que la versión de pago te permite gestionar cuentas ilimitadas.

⊃ ***People Map.*** Esta herramienta está enfocada a la gestión de negocios y de marcas en *Instagram.* Es perfecta para las marcas que trabajan con *influencers;* proporciona estadísticas y te permite consultar los datos de otras cuentas.

⊃ ***Buffer.*** Esta herramienta también es una de las más completas, ya que sirve para consultar datos y estadísticas de tu cuenta como en *Iconos-quare* y, al mismo tiempo, permite programar y planificar tus publicaciones en *Hootsuite.* La app del móvil servirá para que te lleguen recordatorios de las publicaciones.

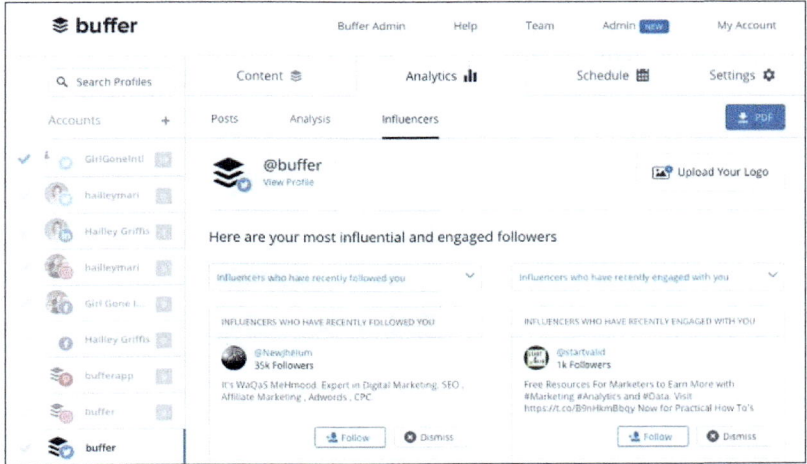

 ## ACTIVIDAD COMPLEMENTARIA

11. Investiga sobre el símbolo que aparece en la siguiente imagen para explica qué es y cómo puedes utilizarla en *Instagram* para conseguir más seguidores:

TikTok

TikTok es una plataforma centrada en el vídeo corto, permitiendo a los usuarios crear, compartir y descubrir vídeos musicales, cómicos o educativos de hasta 3 minutos. Ofrece funciones como efectos especiales, filtros y música para enriquecer el contenido. Esta red social era una de las más utilizadas por los jóvenes, pero en los últimos años se ha ido extendiendo a públicos más mayores.

En la actualidad, esta red social espera alcanzar los 1,8 mil millones de usuarios activos mensuales.

TikTok es conocido por su vídeos tipo lip sync (sincronización de labios) y bailes reto que se hacen virales.

 SABÍAS QUE...

También ocurre en *TikTok*, que a los usuarios o creadores de contenido más populares y que consiguen viralizar sus vídeos, se les ha denominado *tiktokers*, como ocurre con *YouTube* o *Instagram*.

Para un *community manager*, entender *TikTok* es crucial por las siguientes razones:

- **Acceso a audiencia joven.** En *TikTok* predominan los menores de 30 años, un grupo demográfico clave para muchas marcas.
- **Mayor margen de creatividad para las campañas.** Para incluir publicidad en esta red social tienes que crear contenido similar al que se comparte: desde *lip syncs* hasta retos o tutoriales.
- **El *engagement* en esta red social es alto.** La plataforma tiene altas tasas de interacción, lo que es crucial para construir comunidades leales.
- **Tendencias virales.** Posibilita la oportunidad de participar en tendencias que pueden aumentar la visibilidad de manera significativa.
- **Colaboraciones con *tiktokers*.** Otro de los beneficios para las marcas en *TikTok* es que pueden colaborar con *tiktokers* para realizar campañas de publicidad conjuntas, permitiendo que dichos contenidos consigan hacerse virales.

3.2. Redes profesionales

☞ HILO CONDUCTOR

Dado que la estrategia como *community manager* de María es para un cliente que quiere llegar tanto a usuarios y posibles clientes, como a profesionales, ha de tener en cuenta también cuáles son las redes sociales profesionales que existen y que pueden serle de utilidad para generar contenido y llegar a otro tipo de público (inversores, gente interesada en su empresa, gente del mismo sector, etc.).

- -

Estas redes sociales están **enfocadas específicamente a los negocios.** Sirven para acceder al mundo laboral, para hacer contactos y conocer al resto de empresas de tu sector, para estar al tanto de lo que sucede en tu ámbito profesional, etc.

En la actualidad, cualquier empresa utiliza las redes para darse a conocer a través de internet.

LinkedIn

LinkedIn es una red social **enfocada a los negocios.** Desde su puesta en funcionamiento en 2003, la utilizan principalmente profesionales que editan su perfil a modo de currículum, indicando su participación en eventos, sus publicaciones, sus aptitudes...

La mayor parte de los ingresos de esta red social procede de la venta de información de los usuarios a aquellos profesionales que se dedican a buscar candidatos para cubrir un puesto de trabajo.

LinkedIn es la red social más utilizada para darse a conocer en el ámbito laboral.

En la actualidad, *LinkedIn* tiene más de 900 millones de cuentas.

A diferencia de otras redes sociales, *LinkedIn* tiene un tono más formal. Por ello, a pesar de que posee un *timeline* en el que puedes actualizar contenido que te parezca interesante, no debes olvidar que el objetivo de esta red social son las **relaciones entre profesionales.**

Para tener presente esto puedes seguir algunos **consejos** que pueden ser muy útiles para rentabilizar tu presencia o la de tu empresa en *LinkedIn:*

- ➲ ***Personal Branding.*** Es muy importante que construyas una marca personal y el perfil de *LinkedIn* es clave para esto. Debe ser lo más completo posible, explicar claramente tu trayectoria y experiencia profesional, tus aptitudes y tus proyectos. Por otro lado, es muy importante dar buena imagen con la foto de perfil. Finalmente, publica contenido en la *timeline* periódicamente para que vean que eres activo, pero evita que sea reiterativo o irrelevante.
- ➲ ***Networking.*** Gracias a esta plataforma y otras similares, relacionarse con profesionales es tan sencillo como hacer un solo clic y dejar un mensaje en la bandeja de entrada. Es una oportunidad para las empresas que no se debe desaprovechar.
- ➲ **Búsqueda de talento.** En *LinkedIn* podrás encontrar los perfiles de cientos de profesionales que quizá estés buscando para tu equipo. Puedes conocer sus proyectos pasados, sus intereses y sus aptitudes, lo que te aporta información directamente sin tener que haber contactado previamente con esa persona.
- ➲ **No digas lo que sabes, demuéstralo.** Puedes (y debes) añadir contenido multimedia para probar que has realizado los proyectos o trabajos que

indicas en tu perfil. Con señalarlo ya no basta, ahora las empresas buscan esas evidencias; por eso sería muy interesante que añadieras en vídeo o pdf presentaciones de tus proyectos, de tus estudios, conferencias, etc.

- **"En búsqueda activa de empleo".** No debes poner "en búsqueda activa de empleo" o alguna otra expresión cliché para indicar que buscas un puesto en cualquier empresa. Eres un profesional, indica directamente en tu perfil qué eres profesionalmente y, si es posible, con el término que utilizaría la persona que acuda a tu perfil para contratarte.

- **Páginas de empresa.** No solo tienen cabida en *LinkedIn* los profesionales de manera individual; las empresas también tienen su espacio aquí. Para crear una página de empresa debes trabajar en ella y disponer de una cuenta de correo corporativa. En el perfil de empresa, además de añadir la información corporativa, puedes crear ofertas de empleo o hacer publicidad mediante alguna publicación.

- **Campañas de publicidad.** *LinkedIn* permite publicitar contenido de una página de empresa e incluso crear una campaña *display* que te redirija a otro sitio. Esta herramienta te permite determinar el público al que quieres dirigirte según variables de sexo, edad, ubicación, cargo, tamaño de la empresa, etc.

- **Grupos de discusión.** En los grupos puedes compartir conocimientos con usuarios de tu mismo sector. Puedes iniciar un debate o simplemente leer las aportaciones de otras personas para aprender. Por ello, es aconsejable que te suscribas a varios grupos que puedan interesarte según el perfil profesional.

- **Ofertas de empleo.** *LinkedIn* te envía periódicamente ofertas de empleo que te pueden interesar. Por otro lado, si eres tú quien necesita contratar, puedes publicar una oferta. Esta opción no es gratuita y solo está activada 30 días si no la renuevas. Sin embargo, las ofertas de empleo de LinkedIn siempre son muy interesantes, tanto para quien las busca como para quien las ofrece. Recibes solo las ofertas que se ajustan a tu perfil y, si eres tú quien la publica, tendrás la seguridad de que la verán quienes mejor respondan a lo que buscas.

- **Permite que contacten contigo.** Indica bien tus datos de contacto, especialmente el teléfono. En cualquier momento alguien puede querer contactar contigo y debes facilitarle el trabajo.

 **DEFINICIÓN**

Campaña *display*
Consiste en crear anuncios en forma de *banners,* es decir, espacios publicitarios que aparecen insertados dentro de una página web.

Por otro lado, debes tener en cuenta que, como en toda red social, la actividad frecuente es indispensable. Aunque parezca que no es necesario, acciones tan sencillas como mantenerte en contacto con otros usuarios, interaccionar con ellos y publicitar tu marca de alguna manera son estrategias que debes pensar. Algunas de esas **estrategias de *marketing*** pueden ser:

- **Completa tu perfil.** Este es el primer paso. Debes completarlo al 100 % y actualizarlo periódicamente. Tu foto debe transmitir que eres un profesional. También es importante que utilices palabras clave para que puedan encontrarte fácilmente. Finalmente, incluir el perfil en otro idioma sería ideal.
- **Personaliza la URL e impulsa la visibilidad de tu web o blog en los motores de búsqueda.** En tu perfil existe la opción de agregar tres enlaces: **Mi blog** y **Mi website** y **Otro**. Podrás acceder a estas opciones a través del botón **Editar** y escribir el nombre de tu blog, de tu web o alguna palabra clave; después escribe la URL.
- **Promociona el *Feed* de tu blog.** Si el blog que tienes es en *WordPress*, podrás importar su *feed* a tu perfil. Así promocionarás tu blog, integrando tu contenido en *LinkedIn*.
- **Utiliza los eventos.** En *LinkedIn* puedes crear eventos *online* (cursos, por ejemplo) y enviar la invitación a tus contactos. Serán publicados en su *home* cada vez que un nuevo invitado confirme su asistencia o haga algún comentario.
- **Usa los grupos específicos para conectarte con más gente.** Los grupos pueden ser una buena estrategia de *marketing* si participas activamente en debates y añades a personas de esos grupos a tus contactos. Puedes unirte a un máximo de 50 grupos.
- **Atrae a más clientes a través de tus recomendaciones.** Si recomiendas a otros profesionales y al mismo tiempo eres recomendado, atraerás a buenos clientes que se guiarán por tu efectividad. Como puedes ver, las recomendaciones son muy importantes en *LinkedIn*.
- **Contesta a preguntas.** Si respondes a preguntas dejando ver que eres un profesional en la materia, muchas personas se interesarán por tu perfil y lograrás un mejor posicionamiento en un área específica.
- **Actualiza tu estado.** El editor de *LinkedIn* es muy parecido al de *X,* si bien cuenta con más caracteres. Es muy importante que vayas actualizándolo cada cierto tiempo para que tus seguidores vean que hay actividad en tu cuenta y que estás interesado en renovarte. Además, el estado siempre es lo primero que se ve (junto con la foto) cuando un usuario nuevo entra en tu perfil.
- **Crea campañas de publicidad.** *LinkedIn* te permite crear campañas de publicidad en pocos minutos y con un presupuesto mínimo. Además, tendrás la garantía de que el público que verá tu campaña estará realmente interesado en ella, al igual que ocurría con las ofertas de trabajo.

 **DEFINICIÓN**

Feed
Medio de redifusión del contenido web.

Para hacer un buen resumen en el perfil de tu página de empresa pulsa la opción **Resumen;** en el apartado **Descripción de la empresa** tienes hasta 2.000 caracteres para elaborar una descripción que llame la atención.

También debes rellenar la sección **Especialidades** con frases cortas sobre los servicios, productos y actividades que quieras ofrecer.

Finalmente, es importante que **destaques tus productos y tus servicios** para que los usuarios que visiten tu página puedan verlos en la barra lateral derecha de la página de inicio. Recuerda que debes indicarlos con palabras clave. Para el cuerpo del texto puedes añadir imágenes o vídeos de *YouTube* y así hacerlo más llamativo.

 VÍDEO

Observa el siguiente vídeo para saber cómo se crea una cuenta de empresa en *LinkedIn.*

https://redirectoronline.com/comm092po0405

Las posibilidades que has visto parecen suficientes para lograr el éxito en *LinkedIn.* Sin embargo, siempre es bueno tener en cuenta que existen **otras herramientas** si estás dispuesto a invertir para lograr un mayor alcance. Algunas de ellas son de pago, pero seguro que merecen la pena:

- **Monitoriza quién ha visto tu perfil.** Con esta opción puedes saber quién ha visto tu perfil y cuándo lo hizo. Esto te ayuda a la hora de conocer el perfil de los profesionales que se están interesando por ti.

  Debes medir siempre el impacto que genera tu página, usar las herramientas de estadística que te proporciona *LinkedIn,* tener presente el número de visitas y saber lo máximo posible acerca de tu comunidad de seguidores.

- **Solicita puestos de trabajo.** Como has visto, buscar trabajo a través de *LinkedIn* es una apuesta fiable frente a otras páginas. Pulsa en la opción **Empleo** y navega a través de la lista de recomendaciones. Recuerda que estas recomendaciones se ajustan automáticamente a tus intereses y a tu perfil profesional.

- **Plan *Premium*.** Con esta opción estarás en una posición alta con respecto a tu posible competencia. Además, serás recomendado a las grandes empresas.

- ***Inmail.*** Es el buzón de correo electrónico de *LinkedIn;* solo podrás tenerlo si contratas el plan *Premium,* pero es ideal para tener todos tus contactos y acciones laborales en un mismo lugar.

 ACTIVIDAD COMPLEMENTARIA

12. Explica cómo abrirías un perfil en *LinkedIn* si fueras una empresa pionera en viajes al espacio para todos los públicos. Especifica la información de interés y los servicios que ofrece tu empresa.

XING

Esta red social está diseñada para **personas de negocios y profesionales de todos los sectores.** El objetivo de los usuarios es establecer contactos y tener acceso a una importante fuente de información. *XING* permite:

 **NOTA**

A través de esta plataforma pueden, incluso, encontrar a antiguos colegas de escuela o de antiguos trabajos.

- -

XING ofrece, por tanto, una infraestructura social y las aplicaciones necesarias para desarrollar el ***networking* profesional,** con la gran ventaja de que cuenta con muchos idiomas.

XING es el principal competidor de LinkedIn.

[137]

SABÍAS QUE...

Suele haber confusión con la pronunciación de la palabra *XING*. La X es la típica "X" inglesa que significa "Cross", como *Kings X (Kings Cross)*, y que, por tanto hace que *Xing* se deba leer como *Crossing*.

- -

3.3. Redes lúdicas

☞ HILO CONDUCTOR

Y aunque sean menos conocidas, como *community manager* también ha de tener en cuenta las redes sociales lúdicas, ya que es interesante estudiar su viabilidad y ver si, de alguna manera, le pueden ser útiles a su cliente.

- -

Estas redes proporcionan plataformas interactivas para relacionarse de manera entretenida con otros usuarios. Son **metaversos,** es decir, **mundos virtuales basados en el mundo real.** En ellos, además de entretenimiento, puedes encontrar una buena forma de impulsar tu empresa o de darte a conocer como profesional.

Con estas redes, las personas pueden relacionarse en mundos virtuales semejantes al nuestro.

eRepublik

eRepublik es un **webgame o juego *online* de estrategia** donde se encuentran representados la mayoría de países del mundo. Fue abierto al público en 2007 y es gratuito.

En este mundo paralelo, llamado *Nuevo Mundo,* los jugadores (ciudadanos) escogen la nacionalidad que desean y empiezan trabajando una vez al día. A medida que pasa el tiempo y consiguen alcanzar nuevos niveles, pueden luchar por su país, crear instituciones políticas y empresas, participar en las relaciones económicas de su nación y mantener guerras con países vecinos.

En el propio logo de eRepublik el usuario ya puede intuir la posibilidad de crear el Nuevo Mundo desde cero.

Esta red social puede ser una herramienta útil para el *marketing,* ya que permite a los usuarios **crear sus propias empresas y gestionarlas.** Las relaciones comerciales que se establecen dentro del mundo virtual pueden desvirtualizarse después y obtener beneficios reales. Puedes lanzar **campañas de publicidad dentro de *eRepublik*** con productos o servicios de una empresa que, además de estar en el *Nuevo Mundo,* se encuentra fuera de la web.

También sirve para comprobar si esas campañas tendrían éxito en el mundo real, de manera que el metaverso se convertiría en una especie de **lugar de prueba** para garantizar el éxito de la empresa.

Second Life

Second Life es un **metaverso,** es decir, un **universo paralelo** (en este caso *online*) donde los humanos interaccionan social y económicamente como avatares en un ciberespacio. En la actualidad, medio millón de usuarios mantiene sus cuentas activas.

Estudiantes de Languagelab, una organización dentro de Second Life que proporciona aprendizaje de lenguas. (© Fotografía: Languagelab Second Life / www.languagelab.com)

 ## SABÍAS QUE...

Philip Rosedale es el fundador de este mundo virtual. Tuvo la idea en el año 2003, a partir de un libro llamado *Snow Crash* (1992, Neal Stephenson).

Algunas de las **posibilidades** más llamativas de esta plataforma son las siguientes:

Comunicación
- Los jugadores pueden comunicarse como en un chat pero con mejoras: en 3D, en lugares tridimensionales, con voz, vídeo...

Educación
- Puedes asistir a clases o impartirlas. Muchos organismos imparten sus clases en esta plataforma debido a las posibilidades que proporciona.

Arte
- Algunos artistas como Filthy Fluno (Jeffrey Lipsky) dieron el salto al mundo real desde aquí.

Negocios
- Se puede crear un negocio y canjear el dinero virtual por dinero real.

Las empresas y la economía sin duda tienen cabida en *Second Life,* que tiene su propia moneda, conocida como dólares Linden (L$). Un dólar estadounidense equivale a 248 dólares Linden. Esta moneda es utilizada por los usuarios para vender y comprar productos y servicios dentro del propio mundo virtual, por lo que este tiene su propia economía.

 EJEMPLO

Ailin Graef, cuyo avatar se llama Anshe Chung, se convirtió en la primera millonaria de *Second Life.*

Graef es una profesora de origen asiático que ha conseguido una fortuna gracias a una empresa de alquiler y venta de casas dentro del mundo de *Second Life.* Como propietaria de la empresa, tiene a su cargo a profesionales que diseñan las casas y luego las dan a conocer en el metaverso.

Ailin Graef y su avatar Anshe Chung (© Fotografía: Second Life's Anshe Chung / www.smh.com.au)

Son muchas las empresas que han encontrado en *Second Life* un espacio donde establecer **negocios y publicidad.**

3.4. Otras redes

☞ HILO CONDUCTOR

El trabajo del *community manager* consiste en conocer y estar al día de todas o la mayoría de redes sociales que existen y las novedades que van surgiendo. Por eso, María debe averiguar qué otro tipo de redes sociales pueden interesarle, más allá de las ya conocidas.

Es el momento de buscar redes sociales para compartir otro tipo de contenido, más allá de meras fotografías o vídeos. ¿Con cuáles podrá contar María?

También existen redes sociales diseñadas para compartir música, experiencias, viajes y otros intereses personales.

Con las redes sociales, el usuario puede encontrar a personas con sus mismos gustos y aficiones.

Slideshare

Slideshare es una plataforma que permite almacenar diapositivas parecidas a las de otras aplicaciones como *PowerPoint*. Los usuarios pueden compartir sus diapositivas de manera pública o privada, en el caso de que a otras personas les interese la información aportada.

Ejemplo de diapositiva de Slideshare

SABÍAS QUE...

En febrero de 2011, *Slideshare* incorporó una función denominada Zipcasts, un sistema de conferencia que permite al usuario dictar su presentación a través de una señal de audio y vídeo en internet; sin embargo, no permite compartir pantalla con el presentador.

Esta herramienta es muy útil para cualquier profesional que quiera compartir información relativa a su compañía, ya que puede mostrarla de manera sencilla a través de presentaciones.

Por tanto, es de gran utilidad para el *marketing* **de contenidos** de la empresa, ofreciendo multitud de **ventajas,** entre las que se encuentran las siguientes:

Mayor difusión de contenidos

Mejor posicionamiento en *Google*

Creación de marca de empresa

Continúa en página siguiente >>

<< Viene de página anterior

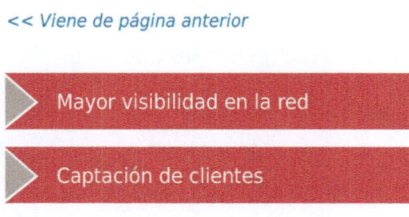

IMPORTANTE

Debes tener en cuenta que las presentaciones en *Slideshare* tienen que tener sentido y entenderse por sí mismas, ya que no serán solo un recurso de apoyo al no existir un narrador.

Minube

Minube es un portal diseñado específicamente para **viajeros y amantes de la aventura.** Gracias a esta red social puedes encontrar inspiración a la hora de decidir cuál será tu próximo destino. Además, permite planificar el viaje señalando los rincones más interesantes, así como compartir con otros viajeros la experiencia.

Una vez seleccionado el destino, *Minube* muestra un desplegable con los datos de interés: qué ver, qué hacer, dónde comer, dónde dormir, vuelos baratos...

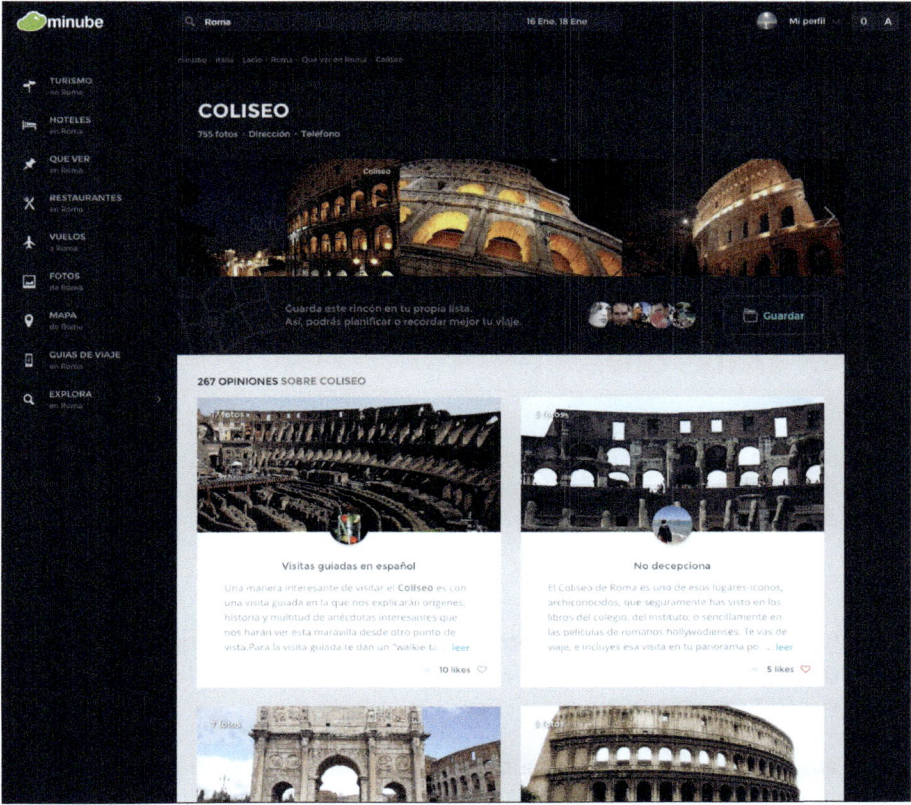

Ejemplo de búsqueda en Minube

Minube ofrece amplias posibilidades para las empresas, ya que es un magnífico escaparate para los viajeros. Así, cualquier negocio relacionado con el turismo puede triunfar si aparece registrado en esta red social. Las personas que visitan otras ciudades buscan el mejor restaurante en cuanto a calidad-precio, un hotel u hostal donde alojarse, actividades turísticas y los vuelos más baratos.

Si las empresas realizan una buena campaña de *marketing* en *Minube,* los beneficios están asegurados, ya que el turismo es un sector que está constantemente en movimiento.

Spotify

Spotify es una plataforma para la reproducción de música en *streaming.* Los usuarios pueden registrarse:

De manera gratuita (incluye publicidad)	Mediante el pago de un modelo *Premium*

Una vez registrado, se pueden buscar canciones, artistas, álbumes concretos o listas de reproducción. Además, ofrece la posibilidad de crear *playlists* personales y compartirlas con amigos, tanto de forma privada como pública.

 ## SABÍAS QUE...

Junto con *Youtube* o *iTunes, Spotify* es uno de los portales esenciales para los artistas del panorama musical actual, ya que cuenta con más de 574 millones de usuarios activos.

- -

Muchas empresas utilizan *Spotify* para compartir música que les inspira o con la que trabajan sus empleados. Puedes encontrar *playlists* de tiendas o de cualquier otro local.

También utilizan las listas musicales las empresas que se encargan de la organización de festivales, con el objetivo de anunciar y dar a conocer a los artistas que van a acudir a dichos eventos.

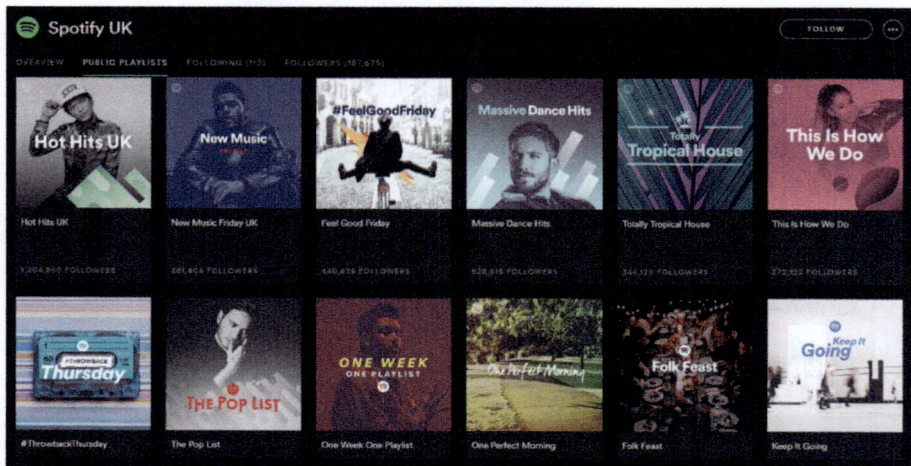

Algunas playlists que puedes encontrar en Spotify (© Fotografía: www.spotify.com/uk)

Al registrarte de manera gratuita verás que **aparecen anuncios periódi-camente.** Esta es una buena forma de publicitarse, ya que casi todos los amantes de la música utilizan *Spotify* y, a no ser que cuenten con una cuenta *Premium,* no se pueden omitir. Las empresas relacionadas con este sector encontrarán en este sentido un recurso efectivo para darse a conocer.

 TAREA 9

Azahara es propietaria de una librería independiente. Su sueño es que toda la ciudad conozca su pequeño negocio, pero sabe que las librerías pequeñas no tienen mucho futuro frente a las grandes librerías o compañías como Fnac o Casa del Libro y las tiendas *online* como Amazon.

Hablando con unos amigos que también tienen su propio negocio, ha llegado a la conclusión de que las redes sociales son indispensables para darse a conocer hoy día. Todos ellos, para sus respectivas empresas, han creado perfiles en diferentes páginas y aplicaciones de redes sociales y, gracia a ello, han conseguido sus objetivos.

¿Qué redes sociales crees que puede utilizar Azahara para que todo el mundo conozca su pequeña librería? ¿Qué clase de contenido puede publicar si pretende llamar la atención entre los lectores? ¿Qué herramientas o estrategias de publicidad serán importantes para ella en las diferentes redes sociales?

Establece una clasificación de las redes sociales según su función, señalando las peculiaridades de cada una de ellas y las posibilidades que estas ofrecen para las empresas.

Basándote en dicha clasificación, especifica cuáles de ellas pueden ser más útiles para Azahara y de qué forma podría llevar a cabo sus campañas de publicidad para atraer a un mayor número de lectores frente al resto de librerías de la ciudad.

4. Resumen

Los **medios sociales** son plataformas que permiten a los usuarios crear su propio contenido y compartirlo en la web. Se trata de herramientas rápidas y efectivas, a través de las cuales cualquier persona puede generar y dar a conocer contenido a su gusto, de manera sencilla y con la posibilidad de establecer una comunicación directa con otras personas.

Las **redes sociales,** por su parte, son páginas o plataformas que puedes utilizar para interactuar, conectar con amigos, crear nuevas amistades y compartir con ellos intereses en común, ya sean profesionales, culturales o de ocio.

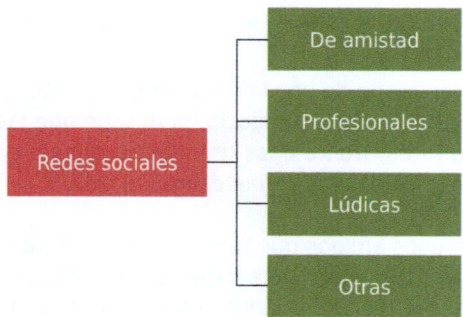

Algunas redes sociales están **enfocadas a las relaciones personales** *(Facebook, X, Instagram* y *TikTok),* pero no por ello dejan de ser esenciales para las empresas. Precisamente estas suelen ser las más populares, por lo que son especialmente útiles para publicitarse entre un mayor número de personas en todo el mundo.

Por otro lado, hay redes sociales diseñadas **específicamente para las empresas y los negocios.** Su objetivo principal es ayudarlas a crear contactos con otras empresas que le sean de interés o con personas de su misma área.

Para finalizar, además de las redes de amistad y de las redes profesionales, existen otras, como las lúdicas, que permiten relacionarse de manera interactiva, normalmente a través de mundos virtuales; y otras a través de las cuales puedes encontrar a usuarios con las mismas aficiones (música, viajes, etc.).

En conclusión, las redes sociales, ya sean de amistad o profesionales, sirven al *community manager* para establecer relaciones entre los usuarios y la empresa.

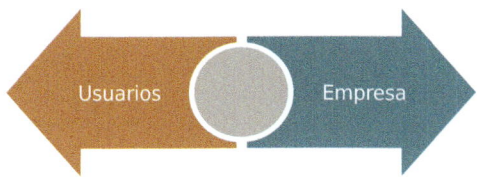

Las redes sociales son una **herramienta indispensable para el *marketing* digital,** que permiten, entre otros, muchos beneficios:

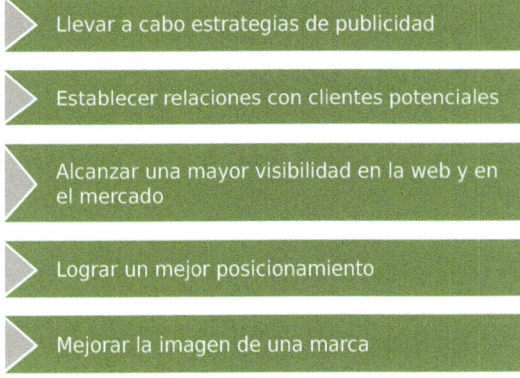

Ejercicios de autoevaluación Unidad de Aprendizaje 4

1. ¿Qué es un medio social?

    a. Una plataforma web que permite al usuario publicar su propio contenido y compartirlo con toda la red o con un grupo reducido de usuarios.

    b. Una plataforma web que solo permite ver contenido.

    c. Una plataforma web que solo permite compartir contenido.

    d. Una página web, pero que se ha compartido en *Facebook*.

2. Indica si las siguientes afirmaciones son verdaderas o falsas:

    a. La participación es una característica fundamental de los medios sociales.

        ■ Verdadero
        ■ Falso

    b. Gracias a las redes sociales se pueden conocer a personas de diferentes partes del mundo.

        ■ Verdadero
        ■ Falso

3. ¿En qué tipos se pueden clasificar las redes sociales?

    a. Amistad y profesionales.

    b. Profesionales y lúdicas.

    c. Lúdicas, artísticas y de amistad.

    d. De amistad, profesionales, lúdicas y otras.

4. *XING* es una red...

    a. ... de amistad.

    b. ... profesional.

    c. ... lúdica.

    d. ... de fotografía.

5. ¿Cuál de las siguientes no es una red de amistad?

    a. *Facebook*
    b. *X*
    c. *LinkedIn*
    d. *YouTube*

6. Los "hilos" y *reposts* se pueden realizar en:

    a. *X*
    b. *Facebook*
    c. *Instagram*
    d. Minube

7. ¿Cuáles son las herramientas que pueden ser de utilidad para gestionar *Instagram*?

    a. *Iconosquare* y *Social Rank.*
    b. *Hootsuite* y *Buffer.*
    c. *People Map.*
    d. Todas las opciones son correctas.

8. ¿Para optimizar bien una red social de trabajo es necesario completar el perfil?

    a. Sí, debe completarse y actualizarse periódicamente.
    b. Sí, pero solo en *Facebook.*
    c. No es necesario, cada persona podrá decidir qué hacer.
    d. No, los datos del perfil son algo privado.

9. ¿Cuál de las siguientes redes permite crear metaversos?

    a. *Youtube* y *Facebook.*
    b. *Facebook* e *Instagram.*
    c. *Second Life* y *Erepublik.*
    d. *Erepublik* y *Facebook.*

10. *Slideshare* no es una herramienta útil para el *community manager* porque...

    a. ... no puede generar contenido propio.

    b. ... es una herramienta con un alto coste.

    c. ... no es una herramienta muy conocida entre los usuarios de la red.

    d. Sí es útil para el *community manager*; de hecho, es de gran utilidad para el *marketing* de contenidos y ofrece multitud de ventajas.

Redes sociales y web 2.0 (II)

Contenido

Objetivos

El objetivo general de esta Unidad de Aprendizaje es:

→ Conocer las principales redes sociales que las empresas pueden usar a nivel profesional.

Los objetivos específicos de esta Unidad de Aprendizaje son:

→ Identificar las características y utilidad de los diferentes tipos de redes sociales.

→ Establecer una clasificación de las redes sociales según su contenido.

→ Señalar las peculiaridades de las redes sociales más importantes.

→ Describir las posibilidades que ofrecen las distintas redes sociales para el *marketing* de la empresa.

→ Enumerar las herramientas básicas para el trabajo diario de un *community manager*.

1. Introducción

Las **redes sociales** se han convertido en el centro neurálgico de la web 2.0, ya que son plataformas que permiten crear y compartir contenido con millones de usuarios en tiempo real. Esto hace que se conviertan, a su vez, en una parte importante de la estrategia de comunicación de cualquier empresa. Comunicar a través de internet es positivo.

A lo largo de esta unidad se clasificarán algunas **redes sociales en función del contenido** que se genera en ellas: contenido escrito (blogs y *wikis),* contenido de audio *(podcast),* contenido fotográfico y contenido de vídeo.

Cada una de estas redes sociales cuenta con sus propias peculiaridades, que pueden ser más o menos útiles para la figura del **community manager,** quien deberá crear distintos tipos de contenido para cada uno de estos canales, siempre buscando una finalidad para el usuario y que refleje una buena imagen de la empresa.

Por tanto, y para terminar, se especificarán una serie de herramientas que son muy útiles para poder llevar a cabo el trabajo del *community manager.*

Para el desarrollo de este contenido nos basaremos en el caso de María, una joven Graduada en *Marketing* que se incorpora por primera vez al mundo laboral trabajando en una agencia de publicidad.

2. Blogs

☞ HILO CONDUCTOR

A María le han encargado actuar como *community manager* de una nueva empresa, cliente de la agencia de publicidad. Para ello, debe diseñar una estrategia y ha de seleccionar las plataformas sociales que más útiles pueden serle a su cliente.

Por este motivo, está analizando qué redes sociales puede utilizar para la estrategia de comunicación de su cliente. Durante el proceso, se da cuenta de que una de las herramientas más potentes son los blogs; así que decide conocer más sobre ellos, para poder aprovechar al máximo todo lo que le pueden ofrecer tanto a ella como a su cliente.

Un blog es un sitio web, similar a una página web, pero con la característica de que, al **actualizarse periódicamente,** el contenido más reciente aparece siempre fácilmente visible en la página principal, mientras que el contenido anterior o más antiguo queda almacenado en archivos que pueden consultarse por categorías o por fecha.

En ocasiones, los blogs están diseñados a modo de **tablón,** de manera que el contenido más antiguo aparece conforme se desciende en el blog.

Los blogs pueden crearse tanto para fines empresariales y de marketing como para uso personal.

Los blogs, además de contenido generado por el propietario, disponen de otras herramientas, como una lista de **enlaces a otros blogs** o páginas de interés o un **espacio para comentarios** donde los lectores pueden establecer conversaciones con el autor y dejar sus impresiones.

Existen muchas **páginas web dedicadas a la publicación de blogs** personales. El usuario solo tiene que registrarse en la plataforma, elegir un nombre de usuario y un título para su blog (ninguno puede haber sido elegido con anterioridad) y publicar el contenido que desee a través de entradas que se suben de manera automática o que puede incluso programar.

Además, podrá personalizar su blog en función de las herramientas que le proporcione la página: cabecera, biografía, enlaces, etiquetas, *widgets,* etc.

 **DEFINICIÓN**

Widget
Se trata de un pequeño programa o aplicación que se presenta de forma visualmente muy atractiva y presente en numerosas web, cuya finalidad es dar acceso fácil a funciones usadas frecuentemente.

Los blogs supusieron un gran avance en el mundo de la publicación *online;* fueron revolucionarios, ya que eran una herramienta sencilla para **subir contenidos y editar textos.** Permitían tener un **trato más cercano entre autor y lector,** gracias también a la posibilidad de interacción en los comentarios.

Lograron tanto éxito que toda aquella persona que tenía algo que contar se hizo un blog; muchas de esas personas se dieron a conocer de este modo y con el tiempo dieron el salto a la fama.

2.1. Blogs y empresa

Las empresas han descubierto que los blogs son una herramienta muy útil para la **comunicación corporativa y para el** *marketing* **digital.** Permiten:

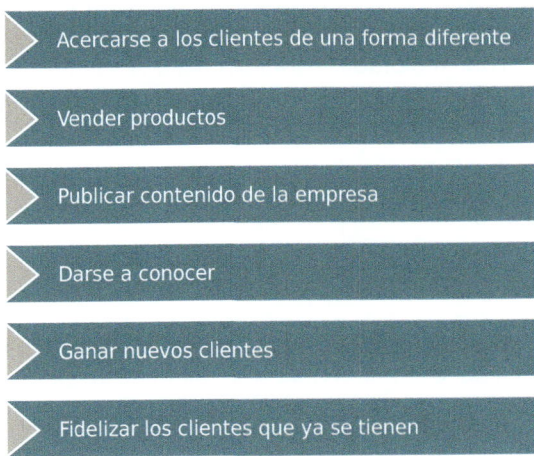

Acercarse a los clientes de una forma diferente

Vender productos

Publicar contenido de la empresa

Darse a conocer

Ganar nuevos clientes

Fidelizar los clientes que ya se tienen

Los blogs de empresa permiten expresarse con un **lenguaje más cercano y menos frío,** algo que siempre atrae a nuevos visitantes y les da confianza para dejar comentarios.

A través de estos comentarios, los clientes pueden expresar su **opinión sobre la empresa,** sobre los productos e incluso dejar una **valoración o una recomendación.**

Una de las herramientas de marketing y de posicionamiento más potentes que tiene una empresa es la de generar contenido en un blog.

En un primer momento, cuando aparecieron los blogs a principios del siglo XXI, los responsables de las empresas tenían muchas dudas sobre cómo podrían controlar los contenidos publicados por los empleados responsables de un blog, pero con el tiempo se llegó a la conclusión de que eran una herramienta que mejoraba la comunicación. La empresa debe incorporarla, sin duda, a su estrategia de *marketing online* y a su comunicación en los *social media.*

2.2. Tipos de blog

Los blogs permiten abarcan una gran cantidad de temas y, sobre todo, de enfoques. Es por eso por lo que, si se habla de los blogs para una empresa, se pueden diferenciar tres tipos:

| Blog corporativo de la empresa | Blog sectorial de carácter genérico | Blog de los empleados de la empresa |

A continuación, se analizarán cada uno de estos tipos de blog.

Blog corporativo de la empresa

Este tipo de blog tiene una **función principalmente informativa.** Se utilizan para dar información sobre la empresa o sobre la marca; su objetivo principal es, por tanto, la descripción, no tanto la comunicación.

El blog corporativo de la empresa sirve para dar datos de lanzamiento de próximas novedades, de promociones o eventos, así como para aportar cifras y estadísticas de la propia empresa que puedan ser de interés para el público. Por todo ello, esta clase de blog tiene las siguientes **características:**

Información directa
- Crean un puente directo de información entre la empresa y los usuarios, sin necesidad de intermediarios.

Transparencia
- Dan visibilidad y demuestran transparencia, ya que se publican contenidos y datos de la empresa, acercándola así al público.

Fuente de información primaria
- Funcionan como la primera fuente de referencia sobre la empresa para otros usuarios y para los medios tradicionales, que buscarán la información sobre los productos en el propio blog a la hora de realizar un artículo o una noticia.

Blog sectorial de carácter genérico

En este tipo de blog se incluyen aquellos que se ocupan de un tema relacionado con el ámbito o el sector en el que se mueve la empresa.

No están pensados para publicitar o vender un producto o un servicio, sino más bien para **crear un espacio común de información y diálogo** sobre asuntos que despierten interés entre los usuarios.

Es muy importante para las empresas despertar interés en los usuarios y crear una comunidad. Un blog puede ayudar a mejorar su imagen.

Blog de los empleados de la empresa

Estos blogs son creados por trabajadores de una empresa, especificando en ellos que trabajan para la misma. Puede que estos blogs estén alojados en el propio dominio de internet de las empresas; sin embargo, **las entradas no tienen por qué ser sobre la empresa** en cuestión.

IMPORTANTE

El propietario del blog puede escribir sobre otros asuntos que tengan parte o incluso nada de relación, pero el lector o suscriptor del blog sí relacionará el blog con la empresa porque sabe que el autor es un empleado.

La tarea del *comunity manager* es localizar dentro de la empresa a los miembros que sean activos y que puedan escribir en estos blogs y promover así la imagen positiva de la compañía.

Es importante que se establezcan unas **normas de estilo** que deberán cumplir los empleados que sean *bloggers*.

 **EJEMPLO**

Es bueno que eviten los comentarios negativos sobre la empresa, el uso de palabras malsonantes o maleducadas y los textos basados en quejas.

2.3. El *community manager* y el blog

Normalmente, el *community manager* es el responsable de los contenidos del blog de la empresa. Su tarea es **revisar, supervisar y, muchas veces, escribir** directamente los contenidos.

Las grandes empresas o las relacionadas con *software* y *hardware* informático tienen más de un blog, uno corporativo y otro temático sectorial, ya que generan novedades constantemente y tienen que actualizarse con frecuencia.

En muchos casos, el community manager es también el encargado de escoger los contenidos que se van a tratar en el blog.

Es recomendable que cualquier empresa tenga este último, el **blog temático sectorial.** Algunas de las **características** que debe tener son las siguientes:

- **Cercanía en el trato.** El usuario debe percibir que hay una persona escribiendo detrás de cada entrada o *post,* no una empresa o una organización. El estilo debe ser personal, con un tono desenfadado, evitando el trato de "usted".
  Además, el autor debe firmar siempre la entrada para dejar constancia de que la ha escrito él. Esto puede hacerlo con seudónimo o con su nombre real.
- **Utilidad.** El lector quiere encontrar contenido útil, interesante o divertido. Si no lo encuentra, lo más probable es que no vuelva a entrar en el blog.
  Si con cada actualización el contenido es más interesante y, por supuesto, más ameno, el lector no se aburrirá.
- **Evitar la publicidad y el SPAM.** Esto es muy importante. La publicidad es necesaria, pero en su justa medida. Si el blog se convierte en un espacio únicamente dedicado a dar publicidad a tus productos, los lectores se hartarán porque no encontrarán nada interesante.
  Es necesario cumplir la llamada "Regla 10/1"; esta dice que hay que publicar diez artículos que tengan utilidad para el usuario o sean divertidos por cada artículo de publicidad.
- **Participación.** El *community manager* debe participar activamente en su propio blog, respondiendo a los comentarios de los lectores, ya que la comunicación es esencial para mantener a los usuarios y afianzar a los clientes.
- **Corrección.** Debes ser honesto a la hora de publicar contenido en un blog. Las fuentes tienen que estar correctamente citadas; los autores, señalados.
  En definitiva, todo contenido ajeno debe ser mencionado como tal, de lo contrario sería plagio.
- **Integración.** El blog no puede estar aislado del resto de perfiles de la empresa en la red. Debe enlazar las demás redes sociales de la empresa y estas, a su vez, deben enlazar las entradas del blog para lograr mayor alcance en la web.
- **Buen posicionamiento.** El *community manager* debe preocuparse por el buen posicionamiento en la red, es decir, debe intentar que el blog aparezca en la primera página de los buscadores cuando los usuarios realizan determinadas búsquedas relacionadas con el sector de la empresa. Para ello, son esenciales los siguientes aspectos:

  - Tema del blog: el tema del blog debe ser el adecuado y debe mostrar claramente la relación con la empresa y con su sector.
  - Localización: el blog tiene que ser fácilmente localizable. Es importante contratar un dominio propio, elegir palabras clave, clasificar los

contenidos en etiquetas o *tags* y categorías y, por supuesto, que sean de calidad.

◑ Plataforma: debes utilizar la plataforma de blogs adecuada. *WordPress* y *Blogger* son gratuitas y las más utilizadas; si dispones de presupuesto puedes usar otras como *MovableType* o *TextPattern.*

◑ Herramientas SEO: debes utilizar todas las herramientas SEO posibles. Es importante estar atento a las estadísticas del blog, localizar en la web los temas relevantes de cada momento, utilizar algún servicio publicitario si fuera necesario, etc.

➲ **Facilitar el acceso y el enlazado de los demás.** El blog debe permitir que los lectores puedan difundir las entradas con un solo clic. Para ello, es indispensable que disponga de botones para compartir los *posts* en las diferentes redes sociales.

También debe proporcionar acceso rápido a enlaces, a otros blogs y a perfiles de otros usuarios.

Por otro lado, para la correcta **gestión del blog,** el *community manager* debe tener en cuenta diferentes factores o puntos clave.

IMPORTANTE

El blog es el eje central de la estrategia de *marketing* en internet, ya que es el medio en el que se publican los contenidos en mayor profundidad. Las redes sociales son el medio para difundir y viralizar los contenidos o las entradas del blog.

Por tanto, los blogs deben cumplir los siguientes **objetivos** de comunicación:

> Servir de puente hacia la información, productos, servicios o marcas que deseas mostrar

> Posicionar los productos, servicios o marcas en el entorno *social media*

Continúa en página siguiente >>

<< Viene de página anterior

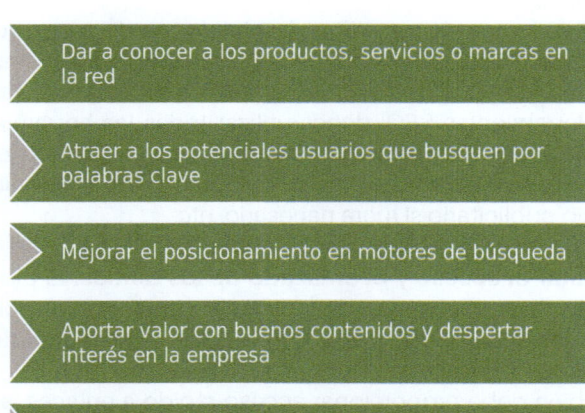

Por otro lado, es fundamental tener en cuenta el **target**, esto es, **identificar al público al que se pretende llegar** y escribir dirigiéndose en especial a esos lectores interesados.

 **IMPORTANTE**

La tarea del *community manager* a la hora de gestionar un blog pasa por enfocar las publicaciones a unos usuarios específicos definidos durante el diseño de la estrategia de *social media* para poder responder correctamente a sus necesidades.

Otros **aspectos esenciales** son los siguientes:

◐ **Temática.** Los contenidos deben hacer referencia a asuntos cotidianos, a situaciones reales; deben hablar de las novedades del sector, de las nuevas tendencias, así como de situaciones y problemas comunes para que el público pueda identificarse.
Debes establecer y definir categorías para organizar los contenidos del blog. Por ejemplo, si se trata de un blog de viajes, algunas categorías podrían ser: *Las ciudades más visitadas en el último año, Los restaurantes*

que no te puedes perder si visitas esta ciudad, Rutas para los más aventureros, etc.

● **Periodicidad.** El *community manager* tiene que garantizar que haya constancia en las publicaciones o, de lo contrario, el blog caerá en el olvido y los lectores no volverán a visitarlo porque creerán que ya no hay actualizaciones.

● **Autoría.** Un blog de empresa puede llevarlo una sola persona, pero la mejor opción es contar con varios autores que dediquen su tiempo a elaborar las entradas y participen en la interacción con otros usuarios. También puede tratarse de colaboraciones puntuales. En cualquier caso, todos los participantes deben ajustarse a unas normas y a una estrategia común.

● **Revisión.** Es recomendable que los artículos sean revisados por el *social media manager* antes de ser publicados. De esta manera se evitan errores con respecto a la estrategia y a los contenidos, al mismo tiempo que el *social media manager* está al tanto de lo que se está publicando.

● **Actualidad y relevancia.** La información del blog debe ser de actualidad; de nada sirve que los estudios o estadísticas reseñados sean de hace dos años. Igualmente, los contenidos publicados deben tener relevancia para la empresa y para los lectores.

● **Estructura.** La estructura de cada entrada debe ser parecida a la anterior; es decir, debe seguir un modelo aproximado. Por ejemplo, los *posts* podrían estar estructurados de la siguiente manera:

10 % contenido descriptivo	50 % contenido informativo	40 % reflexiones y consejos
- Se le indica al lector la razón de haberlo escrito y la importancia de leerlo	- Es el núcleo de la entrada. Ha de ser explicativo y relevante	- Han de ayudar al lector y demostrarle que el contenido expuesto tiene utilidad

● **Extensión.** No existe un número específico de palabras que garanticen el éxito de una entrada; sin embargo, debes recordar que los contenidos, cuanto más amenos, más asequibles para el lector, de manera que lo recomendable sería alcanzar un número de palabras entre las 600 y las 800. Pueden exceder este límite, pero solo si es absolutamente necesario.

● **Enlaces.** Añadir enlaces a tus entradas siempre es una buena idea. De esta forma, el lector puede ampliar información si lo desea y conocer también las fuentes de las que has extraído los contenidos.

ACTIVIDAD COMPLEMENTARIA

13. Busca el *post* de un blog de un tema o empresa que te guste y analizar su estructura. ¿Sigue las indicaciones recomendadas? ¿Se refleja en su estructura esa manera de ofrecer el contenido?

- -

2.4. Plataformas para la creación de blogs

Existen diferentes **plataformas, tanto gratuitas como de pago,** con las que puedes crear un blog de forma sencilla, sin necesidad de tener conocimientos de programación.

Algunas de estas plataformas son las siguientes:

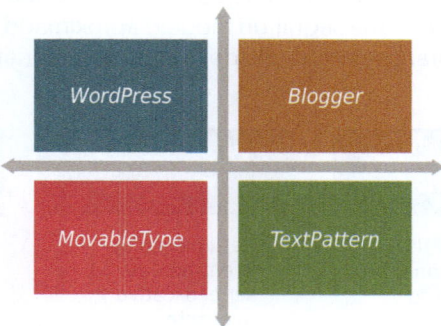

A continuación, se analizarán las plataformas gratuitas más utilizadas: *Blogger* y *Wordpress.*

Wordpress

☞ HILO CONDUCTOR

Una de las principales plataformas para crear blogs y gestionar contenidos con la que se encuentra María es *Wordpress*, pero nunca antes la había utilizado. ¿Cómo funciona? ¿Cómo se crea un blog en esta plataforma? ¿Qué ventajas le aportaría abrir el blog de su cliente a través de esta plataforma?

- -

WordPress es un sistema de gestión de contenidos con el que podrás crear un blog u otro tipo de web. Tiene más de mil temas o plantillas disponibles, aunque muchas de ellas son de pago si lo que deseas es crear una web con un diseño más complejo.

Wordpress es una de las herramientas más profesionales para la creación de contenido escrito.

WordPress te proporciona todas las **herramientas típicas de un blog:** entradas, comentarios, organización por categorías o etiquetas, posibilidad de insertar enlaces, etc.

Pero, además, podrás agregar otros módulos, los llamados **widgets,** tan habituales en los blogs, como pueden ser:

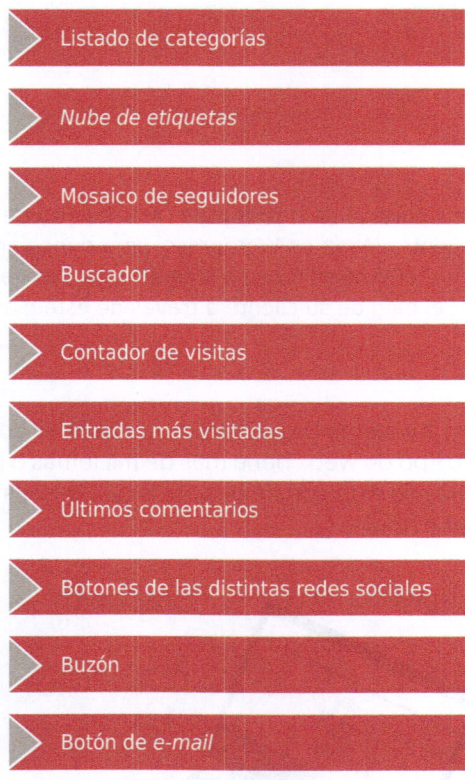

Con todas estas herramientas queda claro que *WorPress* es una de las mejores opciones para crear un blog. Pero, ¿qué posibilidades ofrece si lo que quieres crear es una **web o un blog corporativo?**

WordPress es ideal para crear una web empresarial en la que puedas especificar quién eres, los servicios que ofreces, los clientes a los que te diriges... Para lograr un mayor impacto puedes elegir una de las muchas plantillas que ofrece al registrarte, ya sean **plantillas gratuitas o de pago.** Gracias a la multitud de plantillas disponibles, podrás conseguir diseños muy variados, que van desde el minimalismo a la complejidad.

Puedes crear distintos apartados para organizar los contenidos, sin tener que limitarte a páginas estáticas o a la estructura de un blog, ya que *WordPress* cuenta con miles de *plugins* disponibles con los que podrás **añadir funcionalidades** tales como un formulario de contacto, un foro, directorios, etc.

 **DEFINICIÓN**

Plugin
Aplicación que añade nuevas funcionalidades a los programas informáticos.

¿Y cuáles son las ventajas de *WordPress*?

WordPress es, en la actualidad, la principal plataforma para la creación de blogs, siendo el competidor directo de *Blogger,* ya que ofrece las siguientes ventajas:

Facilidad de uso
- Es fácil de utilizar. Es una plataforma muy intuitiva y permite diseñar y personalizar el blog a tu gusto.

Gratuidad
- Es gratuita, aunque tienes la posibilidad de incorporar funciones con la opción *Premium.*

Atención al cliente
- La plataforma cuenta con un foro personal donde puedes consultar cualquier duda que te surja o resolver posibles inconvenientes.

Aplicación móvil
- La plataforma cuenta con una aplicación para móviles igualmente fácil de usar. Además, la mayoría de plantillas son *responsive,* es decir, que permiten una visualización adecuada tanto en ordenadores como en dispositivos móviles.

Posicionamiento de contenidos
- Ayuda a posicionar contenidos en buscadores de manera sencilla.

¿Cómo crear un blog en *WordPress?*

Si utilizas la plataforma wordpress.com podrás crear un blog de forma gratuita, sin necesidad de contratar un alojamiento externo. Para ello, sigue estos pasos:

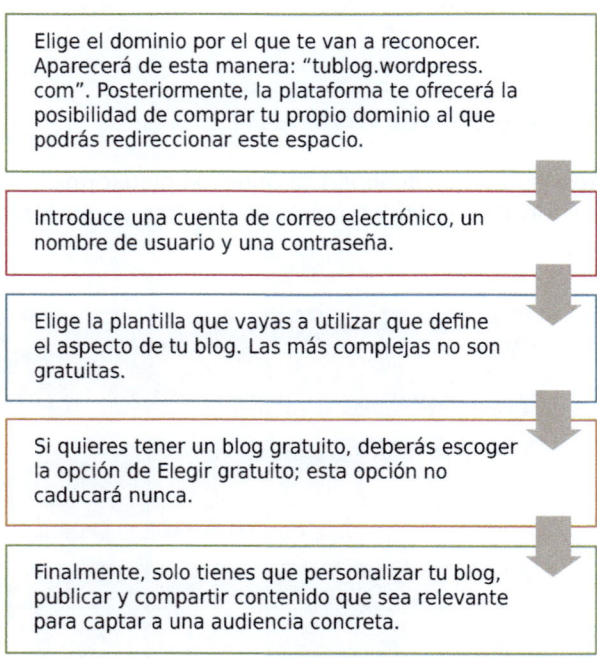

Elige el dominio por el que te van a reconocer. Aparecerá de esta manera: "tublog.wordpress. com". Posteriormente, la plataforma te ofrecerá la posibilidad de comprar tu propio dominio al que podrás redireccionar este espacio.

Introduce una cuenta de correo electrónico, un nombre de usuario y una contraseña.

Elige la plantilla que vayas a utilizar que define el aspecto de tu blog. Las más complejas no son gratuitas.

Si quieres tener un blog gratuito, deberás escoger la opción de Elegir gratuito; esta opción no caducará nunca.

Finalmente, solo tienes que personalizar tu blog, publicar y compartir contenido que sea relevante para captar a una audiencia concreta.

 **VÍDEO**

Observa el siguiente vídeo en el que se muestra cómo crear un blog con *WordPress:*

Continúa en página siguiente >>

<< Viene de página anterior

https://redirectoronline.com/comm092po0501

Blogger

 **HILO CONDUCTOR**

Por otro lado, encuentra la otra plataforma de blogs más famosa: *Blogger;* una herramienta que no le es tan desconocida, dado que ya la utilizaba a nivel usuario debido a su facilidad. Pero, ¿cómo le puede ser útil *Blogger* a nivel de empresa? ¿Cómo le puede servir para su estrategia de comunicación en redes sociales?

Blogger nació como un proyecto alternativo de la empresa Pyra Labs, que en 2003 fue comprada por *Google.*

✏ **NOTA**

Blogger es también conocido por su dominio: blogspot.com.

El éxito de *Blogger* era y sigue siendo su sencillez. El objetivo inicial era permitir publicar contenidos digitales sin que fuera necesario tener conocimientos de código informático y hacerlo de una manera **sencilla e intuitiva.**

Desde que *Google* adquirió *Blogger,* únicamente es necesario disponer de una cuenta de *Gmail* para crear tu primer blog.

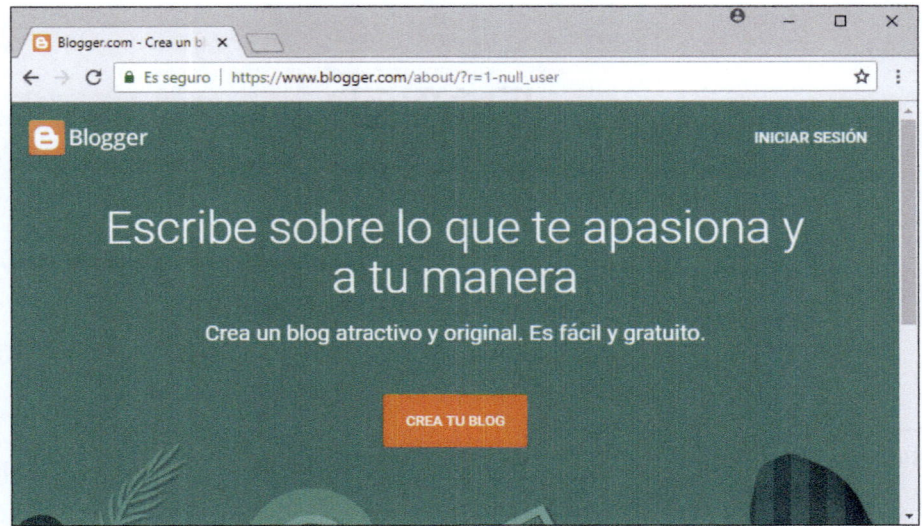

Blogger es una herramienta utilizada por multitud de usuarios que comparten sus textos personales en la red.

Pese a que en los últimos *WordPress* ha ido ganando fama y muchos usuarios de *Blogger* se han planteado cambiar de plataforma, lo cierto es que las **ventajas de *Blogger*** son bastantes:

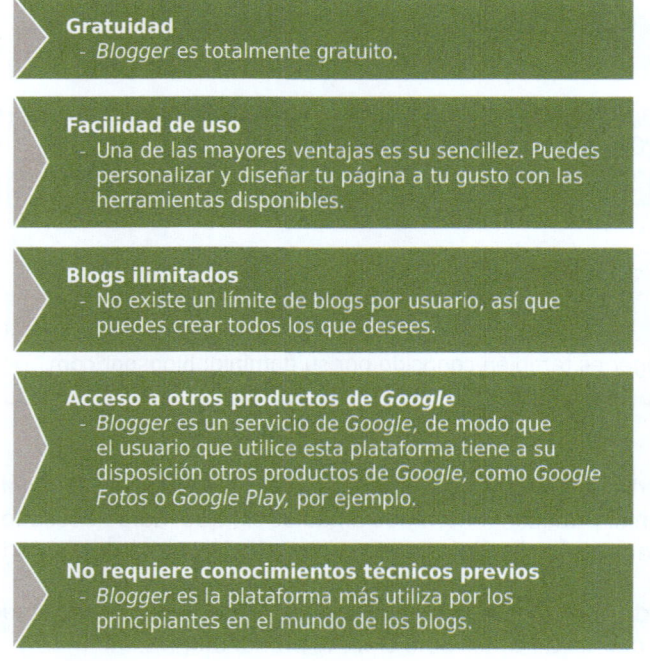

¿Cómo crear un blog en *Blogger?*

Debes acceder a la plataforma con tus datos de *Google* y pulsar sobre **Nuevo Blog.**

Puedes hacerlo a través del siguiente enlace: <https://www.blogger.com/>.

Hecho esto, deberás introducir el **título del blog y la URL.** Asimismo, deberás **escoger la plantilla** que desees entre las opciones gratuitas que ofrece *Blogger.*

IMPORTANTE

Es extremadamente importante que el título de tu blog y la dirección de tu blog sean iguales para que los motores de búsqueda puedan asociar el contenido de tu blog y puedas ser indexado en los listados de *Google.*

Las **plantillas de *Blogger*** son básicas, y aunque puedes utilizarlas para comenzar tu blog, también puedes utilizar alguna un poco más profesional. Estas plantillas las puedes descargar accediendo a la siguiente dirección:

➲ http://btemplates.com

Una vez que hayas seleccionado el botón **Crear Blog,** te aparecerá en la lista el nombre de tu blog con los botones al lado izquierdo, así que el siguiente paso es seleccionar el botón anaranjado para escribir la primera publicación.

Blogger permite editar de manera sencilla los contenidos y templates que se utilicen.

 **VÍDEO**

Observa el siguiente vídeo en el que se muestra cómo **crear un blog con *Blogger:***

https://redirectoronline.com/comm092po0502

3. *Microblogging*

 **HILO CONDUCTOR**

María entiende que no todos los contenidos pueden ser extensos y que, por ende, hay que buscar otras herramientas y plataformas que le sirvan para generar contenido más limitado, pero con el mismo impacto. Para eso puede utilizar las redes sociales de *microblogging*.

El *microblogging* es un modo de publicación en internet que sigue el mismo esquema que los blogs, con la diferencia de que los **contenidos son más breves e inmediatos.**

En el *microblogging,* las publicaciones pueden ser, al igual que en los blogs: **textos cortos, citas, fotos, vídeos o enlaces;** sin embargo, esta especie de "entradas" no suele tener título; tampoco suele tener un espacio para los comentarios, aunque sí puede generar respuestas e interacciones de otro tipo.

El microblogging se ha convertido en una de las maneras de expresión más utilizadas en las redes sociales.

Antes de que aparecieran las **herramientas de publicación y de edición de textos** que tienen los blogs hoy en día, el esquema era precisamente ese: el usuario dejaba pensamientos, notas o enlaces sin un orden específico, algo que recuerda bastante a *X*, por ejemplo. Con la llegada de las herramientas de publicación, este esquema cambió; ahora las entradas de los blogs convencionales llevan un título, un cuerpo y existe la posibilidad de insertar comentarios y otras muchas posibilidades.

NOTA

Los blogs se han convertido en diarios más extensos y mejor organizados.

Sin embargo, el concepto de *microblogging* volvió a tener peso en la red con el **nacimiento de X** en 2006. Esta red social se popularizó a partir de su uso masivo en un festival de cine y música en los Estados Unidos, ya que los usuarios descubrieron que podían mandar mensajes y contar al momento lo que estaban viviendo.

En 2008, con la candidatura de Barack Obama, la fama de *X* se consolidó definitivamente. El que sería en aquel momento el futuro presidente abrió su propia cuenta de *X* para contar a los ciudadanos todos los detalles de sus actividades electorales. De esta manera se comprobó la eficacia de la red social para llegar a un gran número de personas de manera inmediata.

A ello debe la popularidad que tiene actualmente, no solo entre los jóvenes, sino entre todas las personas.

SABÍAS QUE...

En 2010, *X* fue la red social con más crecimiento de usuarios del mundo, con más de 200 millones activos y cerca de 70 millones de mensajes diarios. Actualmente, aunque sigue siendo popular, la actual X se enfrenta a desafíos en términos de crecimiento de usuarios y retención, en comparación con otras redes sociales como *TikTok*.

Por tanto, *X,* y en general el mundo del *microblogging,* ha revolucionado el mundo de las comunicaciones. Las **noticias se pueden consultar a tiempo real,** llegando incluso a ser publicadas primero en estas plataformas antes que en los propios periódicos.

El mundo del periodismo está ligado a estas redes de manera inevitable; de hecho, en ocasiones han sido el único medio de comunicación disponible en conflictos bélicos o en revoluciones.

X es la red de microblogging por excelencia. (Fuente; BongkarnGraphic / Shutterstock.com

3.1. *X* (antiguo *Twitter*)

👉 **HILO CONDUCTOR**

Dado que *X* es la red de *microblogging* por excelencia y la causante de la aparición de este fenómeno, María tiene claro que tiene que utilizarla y sacarle el máximo partido como *community manager*.

X es la **principal red de *microblogging*,** es gratuita y reúne los diferentes aspectos y ventajas de:

Los usuarios pueden comunicarse con otras personas en tiempo real y ver el contenido que comparten en el momento a través de pequeños mensajes de texto llamados ***post.***

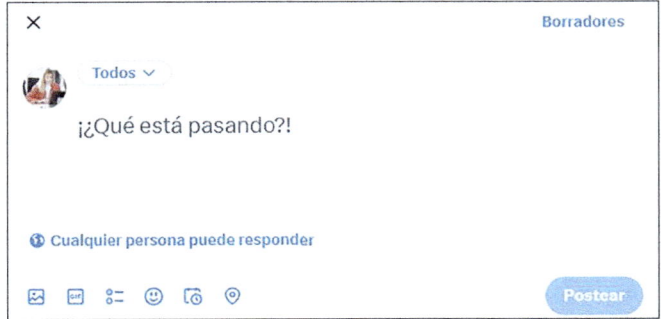

Esta es la ventana que aparece cuando vas a redactar un post.. Puedes escribir hasta 280 caracteres. Cuando solo te quedan 20, el círculo de la esquina inferior derecha lo indica y comienza la cuenta atrás.

SABÍAS QUE...

En 2006, Jack Dorsey, Biz Stone, Evan Williams y Noah Glass, fundaron X (antiguo *Twitter)*. A lo largo de los años, la estructura de la empresa y su equipo han evolucionado considerablemente, y Jack Dorsey, quien fue CEO en dos ocasiones, anunció su renuncia definitiva de la compañía a finales de 2021. En la actualidad, la empresa fue adquirida por Elon Musk en octubre de 2022.

También pueden incluir, siempre que el contenido textual no supere los **280 caracteres** (antes 140):

Texto   Fotografías   Vídeos   Enlaces   Encuestas

Uno de los usos más conocidos de *X*, al margen del de generar contenido por parte del usuario, es el **seguimiento de eventos en directo:** la retransmisión de charlas y ponencias a las que poca gente tiene acceso de otro modo, el intercambio de opiniones durante un debate o suceso de actualidad.

Por otro lado, no solo el usuario común encuentra en *X* una enorme variedad de posibilidades, sino que esta red social es una **herramienta muy útil para el *community manager*.** Para saber las posibilidades que ofrece como herramienta de *microblogging*, primero es necesario conocer algunos puntos básicos del funcionamiento de *X*.

Existen dos tipos de relaciones entre los usuarios de *X:*

Followers	*Following*
- Los *followers* o seguidores son aquellos usuarios que siguen una cuenta de *X*, es decir, que han decidido "suscribirse" a los mensajes que se publiquen desde allí.	- Los *following* o seguidos son aquellas cuentas de *X* a las que un usuario decide seguir.

En algunas cuentas aparece un candado junto al nombre, esto quiere decir que es una **cuenta privada,** por lo que no puedes seguirla si no te da autorización. Al resto de cuentas, aquellas que son públicas, puedes seguirlas sin problema. Puedes ser seguidor de cualquier persona, no solo de conocidos.

Prácticamente todos los famosos y personajes mediáticos tienen una cuenta de *X.* Es frecuente que la gente siga a sus actores, escritores o cantantes favoritos. También las empresas deben estar atentas y seguir a aquellas personas que sean de interés: clientes, comerciales, otras empresas...

NOTA

Cuando seguidor y seguido se siguen mutuamente, se les llama *mutuals.*

Existen cinco **formas de comunicación entre los usuarios de X.** A continuación, puedes ver las características de cada una:

- **Respuestas.** Aunque en *X* los usuarios no pueden dejar un comentario en las entradas de los blogs tradicionales, sí existe la posibilidad de responder a un *post,* pulsando en la opción **Responder** (botón con forma de bocadillo o diálogo de cómic), que aparece debajo de cada mensaje. Con este sistema se crean conversaciones que pueden ser tan largas como los usuarios deseen, teniendo en cuenta que otras personas se pueden añadir a la conversación respondiendo a alguno de los *posts.* Además, cualquier usuario externo puede ver la conversación al completo.
- **Menciones.** Consiste en hacer referencia a un usuario mencionando su nombre en un mensaje. Para hacer esto solo tienes que escribir "@" y te saldrá un listado de las cuentas a las que sigues para que puedas seleccionar al usuario al que quieres mencionar.
- **Repost.** En la parte inferior de un *post,* junto al botón de **Responder,** aparecen dos flechas que sirven para hacer repost. Esta opción te permite compartir el *post* de otra persona en tu perfil para que tus seguidores lo vean. Es una manera de hacer que el mensaje de otra persona llegue a más gente.
- **Mensaje directo.** Los mensajes directos, MD o DM, son una manera de interaccionar con otros usuarios pero de manera privada. Estos mensajes se pueden consultar en la pestaña **Mensajes,** en la esquina superior derecha de la página del usuario, en un icono con forma de carta. Si pulsas en el icono, aparecen todas las conversaciones que tengas con otros usuarios, a modo de chat.

⊃ **Cita.** *X* ha añadido esta opción a las posibilidades de responder a un *post*. Es una forma un poco más indirecta de responder, o bien una forma de dar repost añadiendo un comentario.

El objetivo principal del *community manager* en relación a todo esto es conseguir tener el mayor número de *followers* posible mediante estas herramientas de interacción. Es importante que la cuenta de una empresa esté activa, ya sea con su propio contenido o difundiendo el contenido de otras con repost, citas y repuestas.

Además de estas formas de comunicación, **otras opciones que ofrece *X*** y que son de gran interés, tanto para el usuario personal como para las cuentas de empresa, son las siguientes:

⊃ **Búsquedas.** En *X* puedes buscar tanto a usuarios concretos (escribiendo su nombre de usuario o su nombre real) como palabras clave, *hashtags* y tendencias. Solo tienes que pulsar en el icono de búsqueda.
⊃ **Momentos.** Son los sucesos o novedades más destacados de cada día. Suelen aparecer fotos de famosos, vídeos que se han hecho virales, noticias de actualidad a nivel internacional, etc.
⊃ **Listas.** Una posibilidad poco conocida es la de crear listas para agrupar a todas aquellas cuentas que sigues por temáticas, de manera que puedas consultar a todos los usuarios que postean sobre un tema en concreto solo con entrar en la lista.
⊃ **Me gusta.** Antes eran llamados **Favoritos.** *X* da la opción de marcar *posts* como favoritos; estos tuits quedan guardados automáticamente en la pestaña "Me gusta" de tu perfil para que puedas consultarlos cuando quieras. Otros usuarios también pueden mirar la pestaña de Me gusta para saber cuáles son tus intereses.
⊃ **Recomendaciones.** *X* tiene programado un algoritmo que analiza el tipo de cuenta que tiene el usuario, tanto por los *posts* que escribe como por los perfiles a los que sigue. Con esos datos, la herramienta recomienda otras cuentas que puedan ser interesantes. Del mismo modo, cuando sigues a una nueva cuenta, aparece una pestaña en la que *X* recomienda automáticamente otras relacionadas con la que acabas de seguir.
⊃ *Hashtags.* Los contenidos de *X* pueden ser ordenados y categorizados por etiquetas o *tags,* es decir, palabras clave que ayudan a su búsqueda e identificación. Sin embargo, *X* ha creado los *hashtags,* palabras o frases que funcionan de forma similar a las etiquetas, pero que se escriben sin espacios y precedidos del símbolo almohadilla del teclado (#).
Los *hashtags* tienen muchas ventajas sobre las etiquetas o palabras clave normales. Al entrar en un *hashtag* encontrarás a todas las personas que están posteando sobre ese tema, de manera que es una forma fácil de encontrar cuentas de interés. Algunos *hashtags* se hacen tan virales que se convierten en *Trending Topic.*

- ⮕ ***Trending Topics*** (**TT**). Los *Trending Topics* son los temas más populares en *X* en cada momento, aquellos que están siendo utilizados por un gran número de usuarios de la red social.
  X facilita en la página principal de cada usuario un listado con los diez temas más populares del momento. Este listado puede ser global o por países. Si pulsas en cada uno de ello, aparece un desplegable con los *posts* que se han escrito y que se están escribiendo sobre ese tema. Los *Trending Topics* ayudan a saber constantemente de qué se está hablando en *X*.
- ⮕ **Encuestas.** Esta opción es bastante reciente. Antes los usuarios tenían que insertar en el *post* un enlace a la página de la encuesta, pero ahora *X* ha incluido la posibilidad de hacer encuestas desde la misma aplicación. Solo tienes que pulsar el tercer botón que aparece en la parte inferior cuando vas a escribir un *post,* junto al botón de *gifs,* y escribir tu pregunta seguida de las posibles respuestas. Esta herramienta siempre es una buena opción para garantizar la participación entre tus seguidores.

El *community manager* debe estar atento a los temas que se están tratando en el momento para intentar utilizarlos en favor de la cuenta de la empresa.

Ejemplo de Trending Topics

Conseguir ser TT es uno de los grandes objetivos de cualquier empresa en internet, pero no es nada fácil llegar a tantas personas.

 ACTIVIDAD COMPLEMENTARIA

14. Accede a *X* para ver cuáles son los principales *Trending Topic* (TT) de los que se está hablando. ¿Por qué se está hablando de eso? ¿Reflejan la actualidad?

Hoy en día casi todo el mundo tiene una cuenta de *X,*, ya sea un político, una celebridad, un periodista o cualquier otra persona mediática. Es la red social que más ha crecido (junto con *Facebook),* por lo que esta página de *microblogging* se ha convertido en la **primera herramienta de comunicación** en muchas ocasiones, teniendo prioridad sobre otros medios de comunicación.

Teniendo en cuenta esto, la empresa debe tener una cuenta de *X*, ya que, si alguien desea buscar información sobre ella, es muy probable que empiece buscándola allí. Es más, incluso si busca información en *Google,* seguramente una de las primeras opciones que le aparecerán será la cuenta de *X* de esa empresa. A una empresa, la cuenta de *X* le sirve como:

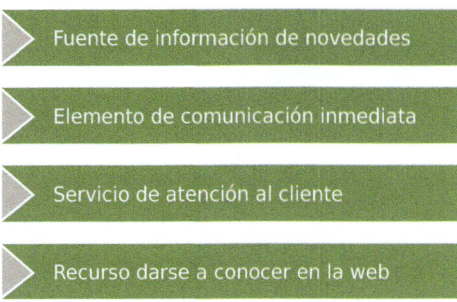

Así pues, *X* es, quizá, la herramienta de contacto inmediato entre cliente y empresa más efectiva y, por tanto, debe ser una prioridad para el *community manager.*

 **IMPORTANTE**

Personalizar la cuenta de *X* es uno de los pasos indispensables para lograr el éxito. La cuenta de *X* de una empresa o marca debe ser lo más representativa e identificable posible. Por ello, es conveniente que el avatar sea el logo o alguna imagen significativa de la empresa y que el encabezado del perfil muestre una imagen o un diseño acorde con las intenciones de la empresa. Existen muchos sitios web, que ofrecen fondos de cuenta de todo tipo, pero siempre lo más recomendable es utilizar una imagen propia que se asocie directamente a la empresa o a la marca.

Los **objetivos** que se pretenden alcanzar cuando una empresa abre una cuenta en *X* son los siguientes:

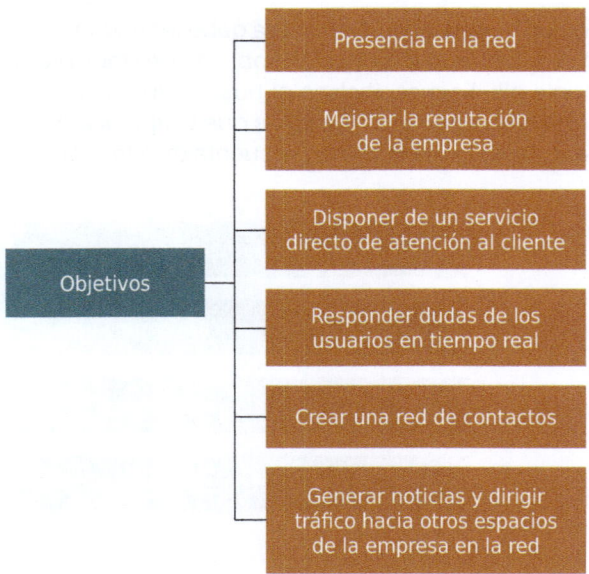

El *community manager* responsable de la cuenta debe llevar a cabo las siguientes acciones:

Fijar una temática
- Como sucede con los blogs, la cuenta de *X* debe ser coherente con la empresa a la que representa. El *community manager* debe fijar una temática y seguirla, lo que no quiere decir que en algún momento, llegado el caso, no pueda ampliarse o cambiar.

Ser cercano
- A no ser que el único objetivo de la cuenta sea el de atención al cliente (en cuyo caso la distancia es mayor), debe existir cercanía entre empresa y usuario. Los *posts* deben tener un tono menos formal y más desenfadado, al igual que ocurre con el resto de redes sociales.

Ser activo
- Del mismo modo que si no publicas periódicamente en un blog los lectores dejan de tener interés en él, la cuenta de *X* debe ser constantemente actualizada. Si desapareces del *Timeline,* con el tiempo desaparecerás de la memoria de tus seguidores.

Continúa en página siguiente >>

<< Viene de página anterior

Buscar *followers*
- La empresa está especialmente interesada en encontrar *followers* que sean afines a los contenidos o las características de esta. Estos son los primeros que debe buscar el *community manager;* después, puede dirigirse a un público más general.

Interactuar
- La interacción es esencial para despertar el interés de los seguidores. Es bueno que una cuenta de empresa responda a las preguntas y menciones, salude a los nuevos seguidores, agradezca las menciones y recomendaciones, pregunte a otros usuarios, enlace contenidos y *links* ajenos, etc. En definitiva, cualquier cosa que haga que la cuenta no sea estática.

Utilizar *X* como herramienta de promoción
- *X* cuenta con una herramienta de promoción tan simple como es un simple repost. Si la empresa hace encuestas, promociones y sorteos a través de *X*, conseguirá visibilidad gracias a la participación y difusión de sus seguidores, o también gracias a los *hashtags* que se hayan decidido para el sorteo.

3.2. Tumblr

☞ HILO CONDUCTOR

En este nuevo concepto de *microblogging*, María también puede incluir la red social *Tumblr*, que, además de compartir fotografías y vídeos, es una herramienta perfecta para generar contenido escrito.

Tumblr es una página de *microblogging* destinada a compartir con el resto de usuarios **imágenes, textos y archivos audiovisuales.** Las páginas de *Tumblr* son accesibles a cualquier usuario sin necesidad de que sea miembro de la red social.

Su popularidad no llega al nivel de la de *X*, pero también es bastante conocida, especialmente en países como Estados Unidos.

También, al igual que *X*, *Tumblr* permite **seguir y ser seguido** por otros usuarios. En la página principal de cada uno aparece el *timeline* con los *posts* actualizados de los seguidos, que por lo general son fotos con poco texto.

Timeline de una cuenta de Tumblr

Las acciones que se pueden realizar para **interactuar con los contactos** son básicamente dos:

Like	Reblog
- Pulsando el icono de un corazón que aparece en la página de contenidos de *Tumblr*, el usuario deja constancia de que le ha gustado dicho contenido. Es igual que el **Me gusta** de *X*.	- Pulsando el icono de dos flechas opuestas que aparece en la página de contenidos de *Tumblr*, el usuario publica el contenido que le ha gustado en su propia cuenta de *Tumblr*. Es similar al repost en *X*.

Tumblr ofrece otros servicios, como la posibilidad de dejar preguntas al autor de una cuenta o personalizar el fondo y el estilo de tu blog, la manera en que se ven tus fotos, etc.

Para un *community manager*, dependiendo del tipo de empresa, *Tumblr* puede ser una buena herramienta donde colgar contenido que no es apto para ser publicado en *X*, que limita bastante la extensión de las publicaciones en comparación con *Tumblr*. De esta manera se crea otro canal de información con sus usuarios. Sin embargo, hay que tener en cuenta que esta página de *microblogging* es menos utilizada por los usuarios de redes sociales como *Instagram, X* o *Facebook,* y también es más difícil darse a conocer en ella.

3.3. Otros tipos de *microblogging*

La popularidad de *X* ha convertido a esta red social en la primera herramienta de *microblogging*. Existen otras plataformas, pero sin duda no son tan conocidas como *X* y mucho menos tan utilizadas.

Sin embargo, hay un tipo de servicio de *microblogging* que sí parece haber encontrado su nicho de mercado: son los llamados **tumblelogs.**

 **DEFINICIÓN**

Tumblelogs
Herramientas que funcionan de un modo similar a *X,* pero que están destinadas a compartir todo tipo de contenidos de manera más extensa: texto, audio, vídeo o imágenes.

Entre este tipo de herramientas de *microblogging* se encuentran *Tumblr,* el más importante y que ya has visto, y *Soup,* entre otros.

4. *Wikis*

 **HILO CONDUCTOR**

María encuentra también unas plataformas de contenidos de lo más interesantes, sobre todo por lo que significan en la web 2.0: las *wikis.* ¿Hay algo más allá aparte de lo que siempre se ha conocido como *Wikipedia*? ¿Qué papel juegan?

Un *wiki* es un sitio web de hipertexto que **se crea de manera colaborativa** y que puede ser editado por varias personas.

 **DEFINICIÓN**

Hipertexto
Documento que contiene vínculos con otros documentos, de forma que al seleccionar uno de ellos se despliega automáticamente el segundo documento.

Los *wikis* tienen una interfaz muy sencilla que hace muy fácil la creación o modificación del contenido de la página, lo que fomenta la **participación de los usuarios en su edición.** Por ello, en los *wikis,* diferentes autores, en muchos casos profesionales sobre una materia, pueden contribuir a crear un mismo documento *online.*

Las wikis han constituido una de las bases de la web 2.0.

El *wiki* más conocido de todos es la ***Wikipedia,* la enciclopedia libre.**

Los *wikis* pueden ser una **herramienta útil para el *marketing*** de la empresa si se convierte en un espacio al que todo el mundo tiene acceso y puede disponer de información sobre sus productos. Permiten generar un vínculo con los usuarios y mantenerlos informados de todos los procesos y servicios que lleva a cabo la empresa.

Una de las prioridades de la empresa es demostrar que están al tanto de las nuevas actualizaciones en su área de conocimiento, de todos los cambios que se producen día a día. Los *wikis* ayudarán a mantener ese estatus y la autoridad de quien conoce su sector a la perfección.

4.1. Wikipedia

La propia *Wikipedia* se define del siguiente modo:

> *Wikipedia es una enciclopedia libre, políglota y editada de manera colaborativa. Es administrada por la Fundación Wikimedia, una organización sin ánimo de lucro cuya financiación está basada en donaciones. Sus más de 46 millones de artículos en 288 idiomas han sido redactados conjuntamente por voluntarios de todo el mundo, lo que hace un total de más de 2.000 millones de ediciones, y prácticamente cualquier persona con acceso al proyecto puede editarlos, salvo que la página esté protegida contra el vandalismo para evitar problemas y/o trifulcas.*

Wikipedia es un *wiki* conocida y utilizada en todo el mundo. El enorme número de idiomas en el que están redactados sus artículos hace que sea un recurso al que cualquier persona pueda acceder para obtener información de cualquier tipo.

La Wikipedia es el principal buscador actualmente.

Sin embargo, a pesar de contar con estas características y ser una de las fuentes a la que los usuarios recurren de manera casi instantánea cuando tienen una duda sobre algún tema, existe un **inconveniente** que ha sido señalado en muchas ocasiones, quitándole prestigio a *Wikipedia:* algunas personas la encuentran poco fiable, precisamente por el hecho de que cualquiera puede editar la información.

 RECUERDA

Aunque los artículos creados son supervisados, y borrados en el caso de que no sean fiables, el hecho de que los pueda realizar "cualquiera" puede provocar cierta falta de confianza.

Para colaborar en la *Wikipedia* no es necesario registrarse, se puede hacer como usuario anónimo, quedando identificadas las ediciones con un número IP. Los usuarios anónimos tienen restringidas algunas opciones, como la de votar en la toma de decisiones.

Si lo que deseas es colaborar más activamente con *Wikipedia,* la mejor opción es registrarse. Es rápido y gratuito. Los usuarios registrados tienen ciertos privilegios, como tener una página de usuario propia o poder personalizar la interfaz de edición de *wiki.*

4.2. Otras *wikis*

Aunque *Wikipedia* es la más conocida y completa de todas, existen otras páginas web que dan la posibilidad de crear una *wiki* propia, como *Wikia* y *Wikispaces.*

También puedes encontrar índices de *wikis,* como *WikiIndex,* e incluso otras herramientas como *TWiki,* que pretenden sacar el máximo partido del conocimiento de comunidades empresariales.

Entre los muchos nombres de wikis más que existen, algunos ejemplos son: MediaWiki, TikiWiki, DokuWiki, Wikinoticias, Wikiespecies, etc.

Las wikis ayudan a generar contenido en internet, a modo de enciclopedias libres, por y para todos los usuarios.

5. *Podcast*

☞ HILO CONDUCTOR

Pero no todo el contenido que se genera en la red es de texto, también hay espacio para el audio. ¿Puede ser interesante crear contenidos sonoros para su cliente?

María averigua qué plataformas hay y qué le pueden aportar a su estrategia en redes sociales.

La aparición de los *podcasts* llega con la incorporación del audio en la web 2.0. A mediados de los años noventa, diez años antes de la fundación de *YouTube,* un ingeniero alemán utilizó por primera vez la -ahora conocida- extensión de archivo **"MP3"**.

Esta extensión la empleó para nombrar unos archivos de audios que había conseguido **comprimir con muy poca pérdida de calidad de sonido.**

Así, con este significativo acto llegó la **revolución del audio en internet,** consiguiendo, pues, que los archivos de sonido ocupasen hasta quince veces menos que su tamaño original. Esto supuso una revolución en la web 2.0, ya que a partir de ese momento se podían intercambiar canciones, discursos, conferencias...

En definitiva, se podía **compartir cualquier archivo de sonido,** así como colgarse en las páginas web sin consumir apenas espacio.

La posibilidad de compartir audio en internet generó entre los usuarios un gran interés.

Con ello, surgieron los *podcasts;* una tendencia que fue a más y que se ha convertido en uno de los principales pilares de la nueva era de internet.

 **DEFINICIÓN**

Podcast
Archivo de audio creado por un usuario y que funciona como un blog sonoro, ya que cuenta con sindicación RSS, tiene una temática concreta y, además, el usuario puede suscribirse a ellos y descargarlos si lo desea.

Estos "audios blogs" tuvieron una rápida popularización, por lo que las distintas herramientas de reproducción multimedia que se podían utilizar en el ordenador *(iTunes, Windows Media Player,* VLC...) incluían un **servicio de suscripción a** *podcast.*

Esta suscripción funciona de manera muy sencilla: el usuario se encarga de introducir la dirección web de los programas *podcast* que quiere seguir, y el propio reproductor se encarga de buscar periódicamente las actualizaciones de dicho programa y descargarlas.

Es tal la popularización de este formato y las facilidades que presenta para el usuario, que actualmente muchas emisoras de radio han decidido volcar en el formato de *podcast* sus propios programas radiofónicos.

Así, los *podcasts* se convierten también en una herramienta muy útil para el *community manager,* quien puede utilizar las diversas plataformas para **subir contenido de interés a la red.** Los contenidos que se les puede ofrecer a los usuarios son:

Informativos	Lúdicos	Material extra
- Boletín periódico de novedades.	- Programa de radio temático relacionado con el sector de la empresa.	- Publicación de material relacionado con la empresa o la marca, que los usuarios y medios pueden utilizar como fuente. Entrevistas, conferencias, tutoriales...

 **EJEMPLO**

Accede al siguiente enlace en el que puedes escuchar un ejemplo de *podscast,* utilizado en el ámbito empresarial:

Continúa en página siguiente >>

<< Viene de página anterior

https://redirectoronline.com/comm092po0503

 ACTIVIDAD COMPLEMENTARIA

15. Escoge un *podcast* que te guste y analízalo. ¿A qué tipo de *podcast* pertenece? ¿Cuál es su contenido y su finalidad? ¿Es de alguna empresa?

5.1. Plataformas de *Podcast*

Como en todas las redes sociales, existen diversas plataformas que ofrecen estos servicios y pueden ser útiles para el *community manager* en función de lo que busque o el uso que le vaya a dar, así como en función, también, del público objetivo al que va destinado su mensaje.

En este caso, aunque en la web se pueden encontrar algunas más, hay dos plataformas de *podcast* muy conocidas y que son las que más se utilizan hoy en día.

SoundCloud

SoundCloud es la plataforma por excelencia para subir y compartir *podcasts*. En un principio, esta red social se creó pensando en los músicos, ofreciéndoles así un lugar en el que compartir y difundir su música de manera sencilla, a través de sus distintos canales.

Así, se entiende que el principal objetivo de esta plataforma es la de promocionar la música de forma simple: se envía un enlace con la canción o *podcast* que se desea difundir y los contactos lo recibirán en forma de reproductor.

SoundCloud es la aplicación más utilizada para compartir audios.

El reproductor de *Sounclcoud* es verdaderamente sencillo: simplemente se puede pausar y detener la reproducción o pasar a la siguiente pista. Además de eso, esta red social también permite a los usuarios dejar comentarios, por lo que es una red perfecta para la interacción y generación de contenido sonoro.

 PARA SABER MÁS

Accede al siguiente enlace en el que se analiza el funcionamiento y las peculiaridades de *SoundCloud:*

Continúa en página siguiente >>

<< Viene de página anterior

https://redirectoronline.com/comm092po0504

iVoox

Al igual que *SoundCloud, iVoox* es una plataforma en la que se pueden **reproducir, compartir y descargar archivos de audio** (*podcasts,* audiolibros, programas de radio, etc.).

iVoxx es una de las principales referencias si se habla de plataformas de podcasts.

Una de las principales características de esta red social es que permite la **suscripción temática;** es decir, el usuario puede suscribirse a un tema en concreto, teniendo acceso a todos los audios que estén relacionados con dicho tema, sin necesidad de tener que suscribirse a un programa o *podcast* completo.

Además, como todas las redes sociales, permite crear un perfil desde el que subir contenido o simplemente para comentar y compartir otros, perteneciendo así a la comunidad de usuarios de *iVoox.*

PARA SABER MÁS

Accede a la página web de *iVoox* para conocer las posibilidades que ofrece esta herramienta a través del siguiente enlace:

https://redirectoronline.com/comm092po0505

6. Plataformas de vídeo

 HILO CONDUCTOR

Del mismo modo, también hay muchos medios para generar y compartir contenido audiovisual, en forma de vídeos. Viendo la importancia que están ganando hoy en día, María entiende que pueden ser un medio muy interesante para explotar todo lo que su cliente puede ofrecer a los usuarios.

Hace más de una década, la aparición de **YouTube** supuso también una **revolución en la web 2.0,** convirtiendo ese momento en un antes y un después en la manera de compartir contenido y, más concretamente, vídeos.

 SABÍAS QUE...

YouTube fue fundado el 14 de febrero de 2005 por Jawed Karim, Steve Chen y Chad Hurley.

Hasta ese momento, las páginas web que querían colgar **vídeos en sus contenidos** tenían únicamente dos opciones:

- ⮑ Poner el vídeo para que el usuario lo descargara en su ordenador.
- ⮑ Que un programador crease, exclusivamente, un método para reproducir el vídeo en la propia página.

Pero cualquiera de estas dos opciones suponía una serie de **inconvenientes:**

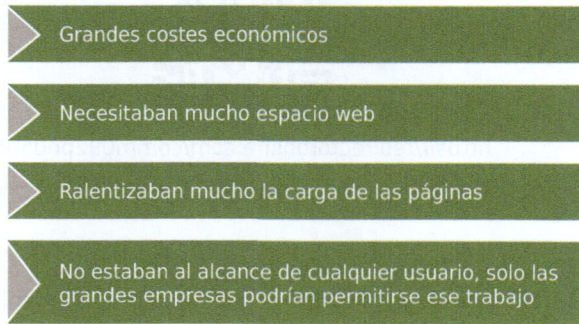

Grandes costes económicos

Necesitaban mucho espacio web

Ralentizaban mucho la carga de las páginas

No estaban al alcance de cualquier usuario, solo las grandes empresas podrían permitirse ese trabajo

Es por eso por lo que *YouTube* cambió el panorama por completo, dándole una vuelta de 180° a la situación que se estaba viviendo hasta el momento. La llegada de *YouTube* y su rápida expansión y aceptación entre los usuarios, trajo consigo la creación de otras plataformas de vídeo que se unieron a esta nueva manera de generar contenidos.

A continuación, verás algunas de ellas, así como las tareas del *community manager* en relación con las mismas.

6.1. El *community manager* y los canales de vídeo

Teniendo en cuenta que el *community manager* ha de estar siempre al día con lo que sucede en redes sociales, no es de extrañar que una de las principales actividades de cualquier *community manager* sea el visionado de **vídeos cortos en los distintos canales de vídeo 2.0.**

Por tanto, este profesional debe aprovechar este factor desde una **doble perspectiva:**

Vídeos ajenos	Canal propio
- Por un lado, para utilizar vídeos ajenos para ilustrar contenidos propios, para poder dar una información interesante o con mero espíritu lúdico y de entretenimiento.	- Por otro lado, creando un canal de la empresa en estas plataformas de vídeo para subir vídeos de elaboración propia, o como canal para seleccionar y recopilar vídeos cortos.

El *community manager* debe encargarse, en caso de tener un canal propio, de que este tenga **actualizaciones periódicas,** además de **controlar y monitorizar** el volumen de visionados, de comentarios que se hacen, etc.

Así pues, los **contenidos propios** que se pueden (y se deben) encontrar en el canal de la empresa son los siguientes:

Vídeos de carácter informativo
- Como si de un canal de noticias se tratase, en la cuenta de la empresa se pueden colgar presentaciones de productos, demostraciones, entregas de premios, conferencias relacionadas con el sector... Se trata de incluir material informativo sobre la empresa y sobre el sector en el que esta se incluye.

Vídeos publicitarios
- Se trata de incluir vídeos publicitarios de la empresa o de sus productos que se han emitido en medios convencionales o que han sido hechos exclusivamente para emitirlos por internet.

Vídeos útiles o de ocio
- Del mismo modo que los blogs, los canales de la empresa pueden ser utilizados para aportar contenidos que no sean publicitarios de la empresa o de algún producto, pero que sí estén relacionados con el sector y que a los usuarios les aporte un valor.

APLICACIÓN PRÁCTICA

Raúl es el encargado de los contenidos de su empresa. Ha abierto un nuevo canal de *YouTube* para empezar a compartir vídeos y el primer vídeo que va a subir es un vídeo corto en el que se explica cómo es la empresa y a qué se dedica. ¿En qué categoría debería incluir este tipo de vídeo?

Solución

Se incluiría en la categoría de vídeos de carácter informativo, ya que el vídeo trata simplemente de dar información sobre la empresa, dándola a conocer, con un carácter puramente informativo.

6.2. *YouTube*

Esta es la **principal plataforma que existe hoy en día** para subir y compartir vídeos. Como ya has visto, la situación de los vídeos en la web 2.0 cambió radicalmente con la llegada de *YouTube,* ya que el servicio web que ofrecía permitía a cualquier usuario hacerse una cuenta de manera gratuita y empezar a subir sus propios vídeos.

NOTA

Al principio, *YouTube* tenía una limitación de diez minutos.

Después de subir el vídeo, este se convertía de manera automática en formato *flash* y, a partir de ese momento, podía reproducirse desde cualquier lugar mediante un pequeño reproductor de vídeo *online*. Además de eso, los vídeos finales que generaba *YouTube* contaban con un código con el que se podía incrustar dichos vídeos en blogs, foros u otras páginas web.

Entonces, el usuario ya puede:

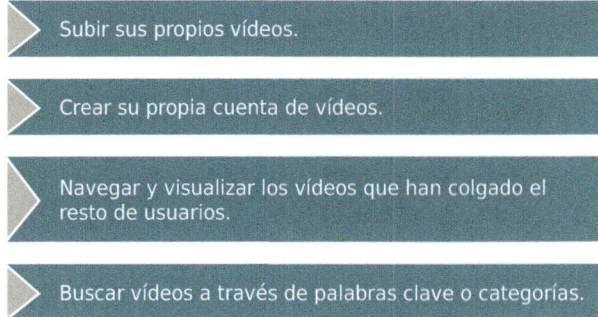

Subir sus propios vídeos.

Crear su propia cuenta de vídeos.

Navegar y visualizar los vídeos que han colgado el resto de usuarios.

Buscar vídeos a través de palabras clave o categorías.

Como el resto de plataformas, *YouTube* ha ido evolucionando con el tiempo, mejorando sus servicios y ofreciéndoles cada vez más posibilidades a los usuarios para que puedan interactuar con la página. Tal es así, que **YouTube permite:**

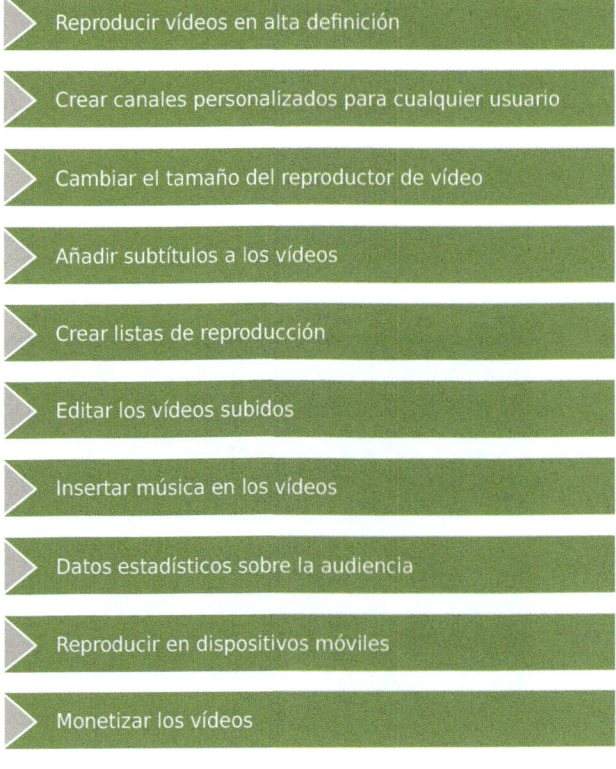

Reproducir vídeos en alta definición

Crear canales personalizados para cualquier usuario

Cambiar el tamaño del reproductor de vídeo

Añadir subtítulos a los vídeos

Crear listas de reproducción

Editar los vídeos subidos

Insertar música en los vídeos

Datos estadísticos sobre la audiencia

Reproducir en dispositivos móviles

Monetizar los vídeos

Continúa en página siguiente >>

<< Viene de página anterior

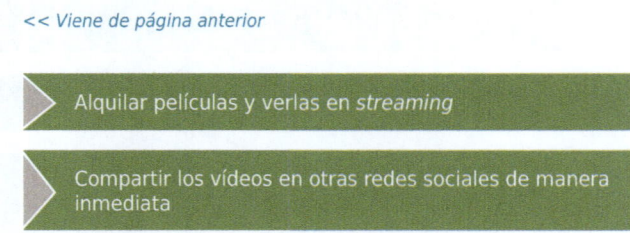

Alquilar películas y verlas en *streaming*

Compartir los vídeos en otras redes sociales de manera inmediata

6.3. *Dailymotion*

Dailymotion es la **competidora más directa de** *YouTube;* una empresa francesa que se fundó poco después que *YouTube,* en marzo de 2005. Esta plataforma permite también subir y alojar vídeos para compartirlos con otros usuarios y visionarlos *online* sin necesidad de descargarlos.

Tiene el mismo funcionamiento que *YouTube:* se puede crear una cuenta, subir vídeos, organizar y buscar los vídeos por palabras clave y por categorías, se pueden dejar comentarios, se puede compartir el vídeo en otras redes sociales... Aunque no es tan completa como *YouTube,* ya que esta está a la vanguardia en el vídeo 2.0.

Pero *Dailymotion* puede ser otra herramienta muy interesante para un *community manager* que quiera compartir contenido de la empresa a través de un canal de vídeos.

Dailymotion es una plataforma escogida por aquellos usuarios que no cumplen las normas de restricción de Youtube.

6.4. *Vimeo*

Por su parte, *Vimeo* es una plataforma también muy utilizada por los usuarios, especialmente por los directores aficionados y profesionales, y vídeocreadores. Esta herramienta es muy interesante en este sentido porque sus normas **solo permiten subir y compartir vídeos creados por el mismo autor.**

Así, las **principales funciones** de *Vimeo* se pueden resumir en las siguientes:

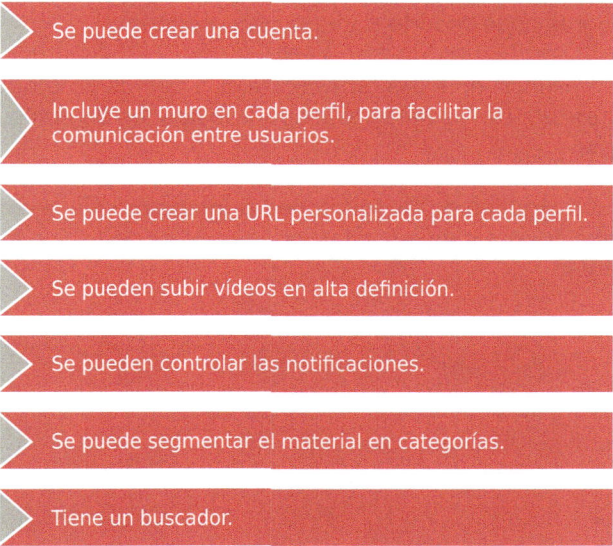

- Se puede crear una cuenta.
- Incluye un muro en cada perfil, para facilitar la comunicación entre usuarios.
- Se puede crear una URL personalizada para cada perfil.
- Se pueden subir vídeos en alta definición.
- Se pueden controlar las notificaciones.
- Se puede segmentar el material en categorías.
- Tiene un buscador.

Por tanto, *Vimeo* es también otra de las herramientas más interesantes en cuanto a contenido audiovisual para los *community manager,* sobre todo si se busca **generar y compartir un material propio.**

7. Plataformas de fotografía

 **HILO CONDUCTOR**

Para tener más clara cuáles son los contenidos a explotar en una red social o en otra, ahora María busca cuáles son las mejores plataformas de fotografía en

Continúa en página siguiente >>

<< Viene de página anterior

las que poder compartir contenido visual de su cliente y que tengan el efecto esperado.

Uno de los puntos fuertes que tiene internet, y más concretamente la web 2.0, son las imágenes. Por eso, las herramientas sociales y las redes orientadas a **subir y compartir, tanto imágenes como fotografías,** tienen una enorme popularidad, siendo utilizadas por millones de usuarios, quienes ponen al alcance de todo el mundo sus imágenes.

Tener presencia en estas redes sociales y compartir fotografías de la empresa, es una de las mayores responsabilidades de cualquier *community manager.*

Estas son algunas de las **funciones principales** que el *community manager* debe llevar a cabo en estas redes sociales de subida e intercambio de imágenes:

Galería de productos
- Utilizar las redes de imágenes como contenedor, repositorio y galería de los productos relacionados con la empresa. El *community manager* se puede hacer responsable de subir esos contenidos, aunque también puede encargarse de esta tarea alguien del área de *marketing.*

Promociones, concursos y eventos
- Utilizar estas redes para hacer promociones, concursos y eventos relacionados con la imagen de la empresa. Por ejemplo, la marca puede organizar un concurso que se centre en la creación de una mascota para un determinado producto. Así, las redes funcionan como un escenario ideal para que los usuarios puedan subir sus creaciones y además recibir *feedback* por parte del resto de usuarios, a través de comentarios o *likes.*

Contenidos propios
- Utilizar las redes como base de los contenidos propios generados por la empresa (perfiles en redes sociales, blogs corporativos...).

Continúa en página siguiente >>

<< *Viene de página anterior*

Interacciones
- Monitorizar y evaluar las interacciones de los usuarios con los contenidos que se han ido colgando: ver qué obtiene reacciones positivas o negativas, si son comentadas, si los usuarios las reutilizan...

Participación
- El *community manager* también debe participar comentado las aportaciones de los usuarios y de los temas relacionados.

Es importante que el *community manager* haga un uso adecuado de los contenidos que va a compartir en estas redes sociales. Algunos de estos **usos** son:

 ACTIVIDAD COMPLEMENTARIA

16. Analiza alguna red social de fotografía de alguna empresa que te guste y observa qué tipo de contenido comparte. ¿Podrías decir si se cumplen algunos de los usos nombrados anteriormente?

Asimismo, al estar continuamente en contacto con imágenes y diversos contenidos, el *community manager* ha de tener muy en cuenta los **derechos de autor,** respetándolos siempre. No debe olvidar lo siguiente:

Pedir permiso
- No importa que la imagen que se vaya a utilizar tenga una licencia que permita su uso no comercial, siempre es un acto de cortesía necesario ponerse en contacto con el autor para pedir permiso para usar su imagen. La mayoría de las veces el autor dará su consentimiento, por lo que se va a llevar una buena impresión de la marca y puede difundirla.

Citar la fuente
- Cualquier contenido que no haya sido generado por la propia empresa tendrá un autor al que se deberá citar y, siempre que sea posible, enlazarlo.

Aprovechar el contenido
- El *community manager* debe localizar el contenido que sea interesante para utilizarlo, tanto en beneficio propio como en beneficio del autor de dicho contenido. Por ejemplo, utilizar una fotografía de alguno de los servicios de la empresa, pidiendo permiso al autor y citando la fuente, consolida la imagen de la marca en la red. En definitiva, se utiliza un buen contenido ajeno para uso propio y, encima, se gana buena reputación.

Entre las redes sociales de imágenes existentes en la actualidad se encuentra *Instagram,* que es la principal red social que existe hoy en día para alojar y compartir imágenes entre usuarios.

También se encuentra en esta categoría **Tumblr,** una red social de *microblogging,* pero que también se considera una red social de fotografía.

Pero existen otras plataformas de fotografías, además de estas; a continuación se analizarán algunas de ellas.

7.1. *Pinterest*

Pinterest es, después de *Instagram,* la principal red social de imágenes. De hecho, es una plataforma en la que no solo se pueden **compartir fotografías,** sino también **infografías o incluso vídeos.**

Son tantos los usuarios que comparten contenido a través de fotografías en esta red social que hoy en día se ha convertido en una especie de catálogo de ideas, ya que además permite **organizar y archivar tus fotografías,** agrupándolos por temas, intereses o todo lo que se te ocurra.

SABÍAS QUE...

Pinterest se llama así porque su aspecto es como el de un tablero en el que se van colgando fotografías con "pines" (así se llama cada fotografía que se comparte en esta red social).

Así pues, en esta red social se pueden ir "pineando" fotografías e ir guardándolas en tablones, para tenerlas todas organizadas. Y no solo eso, sino que también puedes empezar a **seguir las temáticas que te gusten** como si de una suscripción se tratara, y automáticamente *Pinterest* mostrará en tu muro las fotografías que se hayan subido relacionadas con dicha temática.

VÍDEO

Accede al siguiente enlace en el que se muestra un tutorial en el que se explica cómo usar *Pinterest:*

Continúa en página siguiente >>

<< Viene de página anterior

https://redirectoronline.com/comm092po0506

Actualmente, *Pinterest* cuenta con más de 450 millones de usuarios activos al mes y con una edad media que se comprende entre los 18 y los 45 años, en su mayoría mujeres.

Conociendo estos datos, ya se denota la importancia que tiene esta red social para un *community manager*. Para tener éxito en *Pinterest* es necesario seguir los siguientes **consejos:**

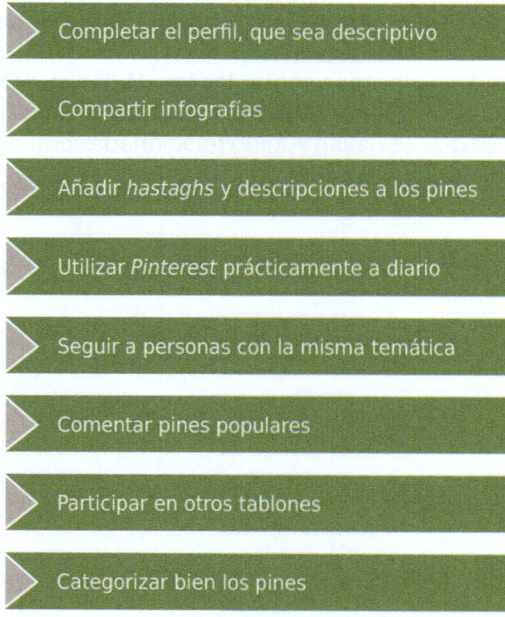

7.2. DeviantArt

DeviantArt es una plataforma de fotografías que lleva años siendo utilizada, especialmente por artistas, ya que es una comunidad destinada a **compartir imágenes con un sentido artístico.** De hecho, la utilizan, sobre todo, artistas gráficos, quienes comparten sus trabajos o diseños, o buscan en ella distintos recursos para poder trabajar.

En esta red social se pueden compartir desde fotografías como tal, a dibujos, ilustraciones, textos, vídeos cortos, imágenes, recursos... todo lo que un artista pueda necesitar. Además de **subir y compartir ese contenido,** también es posible **descargarlo.**

Y como cualquier red social, en *DeviantArt* también se pueden dejar comentarios en las distintas publicaciones que hacen los usuarios. Para un *community manager* puede ser interesante esta herramienta para compartir fotografías o diseños propios relacionados con la empresa, tales como infografías, carteles, etc.

DeviantArt es la plataforma por excelencia de los artistas gráficos, contando ya con más de 40 millones de usuarios.
(© Fotografía: Casimiro PT / Shutterstock.com)

 **TAREA 10**

Aroa es la propietaria de un estudio de fotografía, hace todo tipo de fotografías: en exteriores, en un estudio en interior, a adultos, niños, en eventos, en bodas...

Continúa en página siguiente >>

<< Viene de página anterior

Y aunque tiene una clientela fija y no le va mal, quiere convertirse en el estudio de fotografía de referencia en su ciudad.

Por tanto, ha contratado a una empresa de comunicación y *marketing* para que le hagan una estrategia de comunicación en redes sociales, para que pueda ir ganando posiciones en internet y crear un contenido útil para el usuario y que refleje las cosas positivas de la empresa. Es la primera vez que Aroa y su negocio tendrán redes sociales, ya que hasta ahora no contaban con ninguna.

Describe los tipos de redes sociales que se pueden encontrar, en función de su contenido, y cómo podrían servir al negocio de Aroa. ¿Cuáles son las peculiaridades de cada una de ellas? ¿Qué posibilidades le ofrece a su estrategia de comunicación? ¿Qué tipo de contenido puede crear en cada una de ellas?

Crea una breve hoja de ruta, hablando de las distintas redes sociales y ejemplifica qué tipo de contenido podría crear Aroa en ellas para dar a conocer su negocio.

8. Herramientas básicas para el *community manager*

☞ **HILO CONDUCTOR**

Finalmente, tras analizar las redes sociales existentes, María ya ha decidido cuáles son las más adecuadas para su cliente.

Teniendo en cuenta que cuando comience sus tareas como *community manager* deberá gestionar diversas cuentas y monitorizar muchos datos, entre otras cosas, María ha decidido buscar también herramientas que le pueden ser de utilidad para facilitar su trabajo diario.

El *community manager* se encarga de multitud de tareas, ha de gestionar una amplia cantidad de redes y medios sociales y, lo más importante, ha de **monitorizar todos los datos** que le llegan a través de los mismos.

Por tanto, ha de manejar una serie de herramientas que le ayudarán en sus tareas y que, sin duda, le servirán para hacer un trabajo más organizado y optimizado.

El community manager ha de estar al día en el conocimiento de las herramientas que le pueden ayudar a ser más efectivo en su trabajo, las cuales, además, utilizará de manera constante.

8.1. Herramientas de monitorización y análisis de datos

Las herramientas de monitorización y análisis de datos le ayudan al *community manager* a **analizar y clasificar los mensajes y opiniones** que hay en la red sobre su empresa. Por tanto, le sirven para analizar tanto su comunidad como al sector de la empresa y a la competencia. De este modo, si se utilizan estas herramientas se pueden proponer e **implementar mejoras** de una manera mucho más objetiva y siendo más conscientes de los datos.

Además, estas herramientas ayudan a **identificar a influenciadores, líderes de opinión o autores relevantes.** Algunas de las herramientas más importantes de monitorización y análisis de datos son las siguientes:

- *Boardreader.* Esta herramienta te permite buscar información específica en fotos, blogs, webs o redes sociales.
  Puedes acceder a ella a través del siguiente enlace: <http://boardreader.com>.
- *Google Blogsearch.* Es una herramienta que sirve para rastrear información que se quiere encontrar en un sinfín de blogs, mostrándola por orden cronológico, de más reciente a más antiguo.

[213]

Puedes acceder a ella a través del siguiente enlace: <https://blog.google/products/search/>.

- **HowSociable.** *HowSociable* proporciona datos de visibilidad de una marca.
  Puedes acceder a esta herramienta a través del siguiente enlace: <http://www.howsociable.com>.
- **Nielsen Online.** Esta es una herramienta de pago, pero igualmente muy interesante, que sirve de ayuda para medir de forma cualitativa las opiniones y publicaciones que se realizan en redes sociales, blogs y foros.
  Puedes acceder a ella a través del siguiente enlace: <https://www.nielsen.com/es/>.
- **Socialmention.** Con esta herramienta se pueden analizar microblogs, webs, blogs, redes sociales, vídeos... y estudia lo que se está opinando sobre un tema en concreto en internet.
  Puedes acceder a ella a través del siguiente enlace: <http://www.socialmention.com>.

8.2. Herramientas de redes sociales

Asimismo, las herramientas de redes sociales le dan la posibilidad al *community manager* de analizar, comprender y responder a lo que se dice en la red sobre sus marcas, sus productos, su reputación... y **conocer así la opinión que tienen los usuarios** en las redes sociales.

Las principales herramientas de redes sociales que le pueden ser útiles a un *community manager* son las siguientes:

- **Panel para profesionales de *Facebook*.** Desde la propia página de empresa de *Facebook* se puede acceder al panel para profesionales, donde se puede ver el crecimiento o disminución de fans, la interacción y los comentarios.
  Puedes acceder a este a través del siguiente enlace: <https://business.facebook.com/>.

⊃ **HootSuite.** Con esta herramienta se pueden administrar los fans de una página de *Facebook*.
Puedes acceder a ella a través del siguiente enlace: <http://hootsuite.com>.

⊃ **Xpro.** *Xpro* es la antigua herramienta llamada *Tweetdeck,* que sigue permitiendo gestionar varias cuentas de *X,* pero ha pasado a ser de pago. Puedes acceder a ella a través del siguiente enlace: <https://pro.twitter.com/>.

⊃ **Buscador de X.** Es una herramienta que posee la propia aplicación de *X* y que muestra en tiempo real lo que se dice sobre un tema o una marca en concreto en *X*.
Puedes acceder a ella a través del siguiente enlace: <https://twitter.com/explore>.

8.3. Herramientas de palabras claves

Las herramientas de palabras clave le sirven al *community manager* para conocer cuáles son las palabras que están usando los usuarios para encontrar una determinada información en internet. Las herramientas más utilizadas son las siguientes:

Google Ads
- Además de servir para crear anuncios, también es una herramienta de *Google* para palabras clave que aporta estadísticas actualizadas que ayudan al *community manager* a mejorar la posición de los resultados en los motores de búsqueda.
- Puedes acceder a ella a través del siguiente enlace: <https://ads.google.com/>.

Continúa en página siguiente >>

<< Viene de página anterior

Google Alerts
- Es otra herramienta de *Google* que permite crear alertas basadas en palabras clave para saber lo que se están publicando en la red sobre dichas palabras.
- Puedes acceder a ella a través del siguiente enlace: <https://ads.google.com/>.

Google Trends
- Herramienta de Google que muestra estadísticas sobre el volumen de búsquedas de ciertas palabras clave, según el país, región y fecha. También informa sobre cuáles son las tendencias.
- Puedes acceder a ella a través del siguiente enlace: <http://www.google.es/trends>.

8.4. Herramientas de análisis web

Estas herramientas responden a un conjunto de técnicas que sirven para **analizar los datos** relativos al volumen de visitas en un sitio web. Así, con la información recogida del número de visitas, fuentes de entrada, dónde se abandona la página y datos similares, se podrá **optimizar el funcionamiento del sitio web.**

Dichas **herramientas de análisis web** para el *community manager* son las siguientes:

Google Analytics
- Es una herramienta de *Google* que permite ver la información detallada sobre el tráfico de un sitio web y los resultados de la estrategia de *marketing*.
- Puedes acceder a ella a través del siguiente enlace: <https://marketingplatform.google.com/intl/es/about/analytics/>.

Continúa en página siguiente >>

<< Viene de página anterior

Matomo	- *Matomo* es la alternativa de código abierto a *Google Analytics*, que ofrece estadísticas detalladas sobre el tráfico web respetando la privacidad de los usuarios. Permite a los propietarios de sitios web analizar comportamientos y tendencias sin comprometer los datos de los visitantes, ideal para aquellos que priorizan la ética y el control total sobre su información. - Puedes acceder a ella desde el siguiente enlace: <https://matomo.org/>.
Metricool	- Herramienta de análisis y gestión web que permite a los usuarios monitorear el rendimiento de su sitio y sus redes sociales desde una única plataforma. Ofrece análisis detallados sobre tráfico web, interacciones y crecimiento de audiencia, facilitando la optimización de estrategias digitales y el seguimiento de resultados en tiempo real. - Puedes acceder desde el siguiente enlace: <https://metricool.com/es/>.

8.5. Herramientas de apoyo y gestión de contenidos

Las herramientas de apoyo y gestión de contenidos hacen referencia al conjunto de aplicaciones que facilitan las tareas de administración de la edición de contenidos, de la administración del correo electrónico, de la actualización de perfiles... Son herramientas variadas y con funciones diversas, pero que ayudan a **hacer más rápidas las tareas diarias** del *community manager*.

Las herramientas de apoyo y gestión de contenidos más conocidas son:

⮱ ***Bitly.*** Es una de las herramientas más útiles, sobre todo para utilizarla en microblogs, ya que sirve para acortar URL, disminuyendo así el número de caracteres.
Puedes acceder a ella a través del siguiente enlace: <http://bitly.com>.
⮱ ***Scoop.it.*** Es una herramienta de curación de contenidos que permite a los usuarios descubrir, organizar y compartir contenido relevante para su público objetivo. Es ideal para el *community manager* que busca

mantener su contenido fresco y relevante, al mismo tiempo que construye su autoridad en temas específicos.

Puedes acceder a ella en el siguiente enlace: <https://www.scoop.it/>.

- ⊃ *Canva.* *Canva* se ha convertido en una de las herramientas de diseño gráfico que facilita la creación de contenido visual atractivo para redes sociales, blogs y otros medios digitales a los *community managers*.

   Puedes acceder a esta herramienta desde el siguiente enlace: <https://www.canva.com/es_es/>.

- ⊃ *Linktree.* Es una plataforma que unifica en una sola página múltiples enlaces, ideal para redes sociales con espacio limitado para URL (como *TikTok* o *Instagram)*.

   Puedes acceder a ella en el siguiente enlace: <https://linktr.ee/>.

- ⊃ *UserVoice.* Herramienta que sirve para rastrear comentarios y opiniones de los usuarios sobre un tema, marca o empresa determinados.

   Puedes acceder a ella a través del siguiente enlace: <http://uservoice.com>.

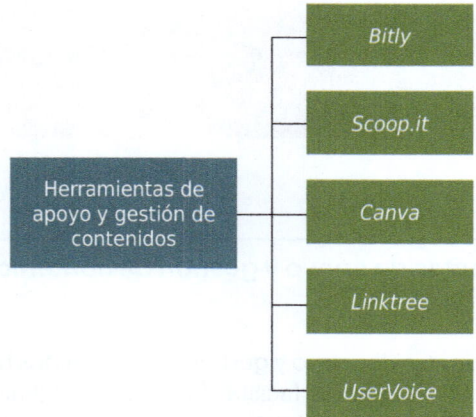

APLICACIÓN PRÁCTICA

Alba es la *community manager* de una empresa de cosmética y próximamente ha de presentar los datos obtenidos en redes sociales para poder mejorar o seguir potenciando su campaña de comunicación en redes. ¿Qué herramientas puede utilizar para ello?

Continúa en página siguiente >>

<< Viene de página anterior

Solución

Para conocer las estadísticas y datos que se generan tanto en redes sociales como en la página web, y para poder ver cómo está funcionando el contenido y cuál es el comportamiento de los usuarios que acceden a él, hay que utilizar herramientas de análisis web y herramientas de monitorización y análisis de datos.

 TAREA 11

David es el nuevo *community manager* de una empresa. Él va a ser el encargado de toda la estrategia de comunicación en redes sociales de dicha empresa, por lo que ha de gestionar desde el principio todo el proceso: escoger los temas a tratar y las palabras clave, gestionar las redes sociales, monitorizar los datos...

Especifica qué herramientas le van a ser útiles a David en cada uno de esos campos y para qué puede utilizar cada una de ellas.

---

9. Resumen

Las **redes sociales** son el medio perfecto para comunicar y transmitir la imagen de una empresa. La generación de contenido a través de distintos canales puede llegar, de distintas maneras, a un público mucho más amplio; un público que, por otra parte, cada vez cree más lo que se opina en redes sociales que lo que la propia empresa le diga. Por eso, estos **nuevos canales de transmisión** son muy importantes en cualquier estrategia de *marketing*.

Estas redes sociales se pueden dividir, según la naturaleza de su contenido, en cuatro:

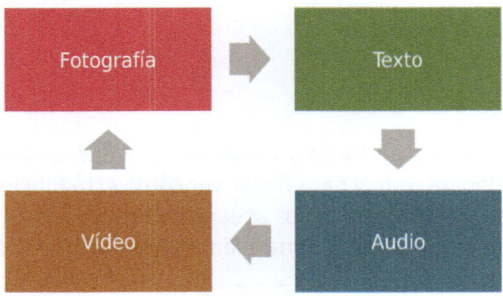

Así, los **blogs y las *wikis,*** permiten crear contenidos extensos que, además de comunicar ideas más amplias y reflexiones con los usuarios, también juegan un papel muy importante a la hora del **posicionamiento de la página web** de la empresa.

Por su parte, en los ***podcasts*** se suele generar un contenido de audio más informativo, pero que sirva para atraer a esa parte de usuarios que suelen suscribirse a distintos programas y pueden estar interesados en el contenido.

Del mismo modo, las **plataformas de vídeo y fotografía,** como ***YouTube*** o ***Pinterest,*** sirven para generar un contenido en menos espacio, pero mucho más impactante, ya que al final la web 2.0 vive de las imágenes.

Para poder **gestionar todas estas redes sociales** de manera rápida, para poder optimizar el trabajo diario y para tener acceso a los distintos datos que se generan a través de dichas redes y que interesan a la empresa, el *community manager* ha de conocer algunas herramientas básicas que le facilitarán mucho las cosas.

Estas **herramientas** pueden diferenciarse en los siguientes tipos:

Herramientas para el *community manager*
- Herramientas de monitorización y análisis de datos
- Herramientas de redes sociales
- Herramientas de palabras claves
- Herramientas de análisis web
- Herramientas de apoyo y gestión de contenidos

Ejercicios de autoevaluación
Unidad de Aprendizaje 5

1. ¿Cómo se pueden clasificar las redes sociales según su contenido?

    a. Texto, audio y vídeo.
    b. Texto, audio, vídeo y fotografía.
    c. Fotografía y vídeo.
    d. Audio y vídeo.

2. ¿Cuáles son las plataformas más usuales para la creación de blog?

    a. *Wordpress* y una página web.
    b. *Blogger.*
    c. *X.*
    d. *Blogger* y *Wordpress.*

3. ¿Qué tipos de blog puede crear una empresa?

    a. Blog corporativo y blog sectorial de carácter genérico.
    b. Blog corporativo y blog de los empleados.
    c. Blog corporativo, blog de carácter sectorial genérico y blog de los empleados.
    d. Solo blog corporativo.

4. ¿Cuál funciona como la primera fuente de referencia sobre la empresa?

    a. Blog de los empleados.
    b. Blog corporativo.
    c. Blog de carácter sectorial genérico.
    d. Todas las opciones son incorrectas.

5. ¿Qué tipo de contenido ha de aparecer en un artículo de un blog?

    a. Da igual, es la empresa quien decide.
    b. Solo informativo.
    c. Informativo, descriptivo y reflexivo.
    d. Contenido audiovisual, obligatoriamente.

6. ¿Cuál es la principal red social de *microblogging*?

    a. Facebook.
    b. *Blogger.*
    c. *Instagram.*
    d. *X.*

7. ¿Cuántos caracteres acepta *X*?

    a. 140
    b. 280
    c. 310
    d. 156

8. ¿Cuál es la principal *wiki* que existe actualmente?

    a. *Wikileaks*
    b. *Wikifound*
    c. *Wikiloud*
    d. *Wikipedia*

9. ¿De qué tipo son los vídeos que debe realizar una empresa en su canal de *Youtube*?

    a. Publicitarios e informativos.
    b. Informativos y de ocio.
    c. Solo publicitarios.
    d. Informativos, publicitarios y de ocio.

10. ¿Los *community managers* necesitan hacer uso de herramientas que les ayuden a gestionar los contenidos?

    a. Sí, entre ellas se encuentran las de monitorización y análisis de datos.
    b. Sí, entre ellas se encuentran algunas como *Google Analitycs*.
    c. Sí, entre ellas se encuentran algunas como *HootSuite*.
    d. No, para la gestión de contenidos es suficiente con el trabajo desarrollado en cada red social.

Glosario

Banners

Forma de publicidad consistente en colocar un anuncio en distintos formatos, tamaños y diseños dentro de una página web. El fin de los *banners* es que los usuarios que hagan clic en ellos serán dirigidos a la página de destino que elija.

Blog

Sitio web, similar a una página web, pero con la característica de que, al actualizarse periódicamente, el contenido más reciente aparece siempre fácilmente visible en la página principal, mientras que el contenido anterior o más antiguo queda almacenado en archivos que pueden consultarse por categorías o por fecha.

Community manager

Persona que se encarga de crear, gestionar y dinamizar a una comunidad de usuarios en lo que se conoce como los *social media* y la web 2.0.

E-mail marketing

Es una de las herramientas de publicidad en web más utilizadas, y sirve para hacerle llegar al usuario correos y mensajes cotidianos, agradables, pero en los que aparece una promoción o un anuncio. Estos *e-mails* deberán aportarle valor al usuario, de modo que este no los quiera eliminar.

Follower

Los *followers* o seguidores son aquellos usuarios que siguen una cuenta de X, es decir, que han decidido "suscribirse" a los mensajes que se publiquen desde allí.

Following

Los *following* o seguidos son aquellas cuentas de X a las que un usuario decide seguir.

Freemium
Hace referencia a un tipo de servicio (en aplicaciones) que consta de un acceso gratis *(free)* y otro acceso pagando *(Premium)*. Aquel usuario que quiera tener acceso a contenidos extras deberá pagar una cuota; pero el que no desee pagar, también tendrá acceso a unos contenidos más básicos.

Hashtags
Palabras o frases que funcionan de forma similar a las etiquetas, pero que se escriben sin espacios y precedidos del símbolo almohadilla del teclado (#).

Hipertexto
Documento que contiene vínculos con otros documentos, de forma que al seleccionar uno de ellos se despliega automáticamente el segundo documento.

Influencers
Personas que tienen muchos seguidores en las redes sociales y cuyas publicaciones influyen o repercuten en el público.

Manifiesto Cluetrain
Manifiesto donde quedan recogidos todos los comportamientos, las maneras de actuar y las normas que rigen esta nueva era de la comunicación y de la información.

Marketing
Es el conjunto de estrategias empleadas para la comercialización de un producto y para estimular su demanda.

Marketing Online
Estrategias de *marketing* que se llevan a cabo en el mundo *online*.

Medios sociales
O *social media,* son plataformas web en las que el usuario puede publicar su propio contenido (imágenes, vídeos, textos, etc.) y compartirlos con toda la red o con un grupo reducido de usuarios.

Metaversos
Mundos virtuales basados en el mundo real.

Microblogging
Modo de publicación en internet que sigue el mismo esquema que los blogs, con la diferencia de que los contenidos son más breves e inmediatos.

Netiqueta
Conjunto de normas de comportamiento que se deben tener en cuenta en internet.

Palabras clave
Términos específicos que buscan los usuarios en la red. Son las palabras exactas que escriben en los buscadores cuando están buscando información sobre algo.

Playlist
Lista de reproducción.

Plugin
Aplicación que añade nuevas funcionalidades a los programas informáticos.

Podcast
Archivo de audio creado por un usuario y que funciona como un blog sonoro, ya que cuenta con sindicación RSS, tiene una temática concreta y, además, el usuario puede suscribirse a ellos y descargarlos si lo desea.

Pop-up
Forma de publicidad, también llamadas ventanas emergentes; son esas ventanas que aparecen al abrir un sitio web. Ahora este recurso se utiliza para invitar a los usuarios a que se registren, se suscriban o dejen su correo electrónico para recibir información.

Posicionamiento
Lugar que ocupa una página web en los motores de búsqueda. Cuanto más cerca de la primera posición esté, mejor es el posicionamiento.

Prosumer
Nuevo concepto de consumidor que nace con la web 2.0, que genera contenido y comparte sus opiniones en la red. Es la suma de *producer* y *consumer*.

Protocolo
Es la regla ceremonial diplomática o palatina establecida por derecho o costumbre.

Protocolo empresarial
Reglas sociales y formales que tienen que ser cumplidas en una empresa. Dichas reglas conforman las pautas y los límites en los que se mueve la compañía en la que se aplican.

Red social
Es una plataforma digital de comunicación global que pone en contacto a gran número de usuarios.

Relaciones públicas
Es la actividad profesional cuyo fin es, mediante gestiones personales o con el empleo de técnicas de difusión y comunicación, informar sobre personas, empresas, instituciones, etc., tratando de prestigiarlas y de captar voluntades a su favor.

Remarketing
Herramienta de publicidad muy útil que permite crear anuncios personalizados, que serán mostrados a los usuarios que hayan visitado tu sitio web, pero que no hayan hecho ninguna conversión en él.

Social Media
Plataformas en internet cuyo contenido es generado por los propios usuarios, a través de las nuevas tecnologías y la web 2.0.

Spam
Es el correo electrónico que se envía con fines comerciales o publicitarios, de manera masiva, y que no ha sido solicitado.

Streaming
Retransmisión en directo que se hace a través de la red.

Target
Persona a la que se dirige una acción determinada. En el caso del *marketing,* es el conjunto de personas que reúnen unas características específicas que las convierten en el público de las campañas.

Threads o hilo
Práctica en *X,* consistente en contestar a tu propio *post* y de esa manera continuar el mensaje que querías transmitir. Así puedes contar historias, escribir textos de mayor extensión o hacer recopilaciones de enlaces, fotos, vídeos, etc.

Trending Topics (TT)
Temas más populares en *X* en cada momento, aquellos que están siendo utilizados por un gran número de usuarios de la red social

Tumblelogs
Herramientas que funcionan de un modo similar a *X*, pero que están destinadas a compartir todo tipo de contenidos de manera más extensa: texto, audio, vídeo o imágenes.

Web 1.0
Es la web primitiva, la primera que apareció, y se caracteriza por ser unidireccional. Se realizaba sobre contenido estáticos y no se podía actualizar. De hecho, las primeras páginas web solo tenían contenidos de texto que, si una vez subidos se querían actualizar, los webmasters debían volver a subir toda la web a internet con los contenidos ya modificados. El carácter de esta web era principalmente divulgativo.

Web 2.0
Esta es la evolución de la web 1.0, la cual surge con la mejora de las conexiones a internet y de las herramientas para el desarrollo web, entre otras. Es conocida como la "red social", ya que su carácter colaborativo hace que se desarrollen en ella los blogs y demás redes sociales.

Widget
Pequeño programa o aplicación, que se presenta de forma visualmente muy atractiva y presente en numerosas webs, cuya finalidad es dar acceso fácil a funciones usadas frecuentemente.

Wiki
Sitio web de hipertexto que se crea de manera colaborativa y que puede ser editado por varias personas.

Bibliografía

Libros, Monografías

→ AERCO, TERRITORIO CREATIVO: *La función del Community Manager.* Aerco, 2009.

> Manual que analiza la figura del *community manager,* sus funciones, habilidades, aptitudes y tareas. Está considerado como el libro blanco del *community management.*

Textos electrónicos, bases de datos y programas informáticos

→ CARBELLIDO Monzó, C.: *10 consejos para sacar el máximo partido a LinkedIn.* Disponible en web: <http://www.uncommunitymanager.es/perfil-linkedin/>.

> Interesante artículo que trata sobre cómo aprovechar al máximo la cuenta de *LinkedIn.*

→ CARBELLIDO Monzó, C.: *Cómo hacer promociones y sorteos en Facebook con total garantía.* Disponible en web: <http://www.uncommunitymanager. es/como-hacer-promocion-facebook/>.

> Artículo sobre cómo elaborar promociones y sorteos en *Facebook* en pos de la empresa, y que sean exitosos.

→ EAE Business School. *Características y principales beneficios del marketing tradicional.* Disponible en web: <https://www.eaeprogramas. es/blog/marketing/caracteristicas-y-principales-beneficios-del-marketing-tradicional>.

> Completo artículo sobre las características del *marketing* tradicional y cuál eran sus reglas y funcionamiento.

→ ESTUDIO SEIJO. *Web 1.0, Web 2.0 y Web 3.0.* Disponible en web: <http://www.estudioseijo.com/noticias/web-10-web-20-y-web-30.htm>.

> Artículo completo sobre la evolución de la web, detallando muy bien las características de cada etapa.

→ FACEBOOK PARA EMPRESAS. *Administrador de anuncios.* Disponible en web: <https://www.facebook.com/business/tools/ads-manager>.

> Página oficial de *Facebook* sobre la creación y centro de control de los anuncios y campañas publicitarias en su plataforma.

→ FARUCCI, C.: *Twitter para empresas o Twitter Business* (ahora *X):* consejos para utilizarlo correctamente [+Guía]. Disponible en web: <https://www.inboundcycle.com/blog-de-inbound-marketing/twitter-para-empresas>.

> Completa guía sobre cómo aprovechar al máximo lo que ofrece *X* para las empresas y cómo utilizarlo correctamente.

→ GUTIERREZ Zuñiga, C.: *La Netiqueta y sus 10 reglas básicas.* Disponible en web: <http://blog.continental.edu.pe/uc-virtual/la-netiqueta-y-sus-10-reglas-basicas/>.

> Artículo sobre lo que es la Netiqueta y cuáles son sus reglas básicas.

→ INSTAGRAM BUSINESS TEAM. *Creating a Business Profile on Instagram.* Disponible en web: <https://business.instagram.com/blog/creating-a-business-profile-on-instagram/>.

> Artículo propio de *Instagram* en el que se explica cómo abrir una cuenta de empresa en su red social.

→ *MARKETING* DIRECTO: *Las cinco nuevas reglas para las relaciones públicas.* Disponible en web: <https://www.marketingdirecto.com/anunciantes-general/anunciantes/las-cinco-nuevas-reglas-para-las-relaciones-publicas>.

> Artículo sobre las nuevas reglas de las relaciones públicas.

→ MEJÍA Jácome, Z.: *Netiqueta: Reglas de Etiqueta en la Red.* Disponible en web: <https://roastbrief.com.mx/2023/08/netiqueta-reglas-de-etiqueta-en-la-red/>.

> Artículo en el que se analizan las reglas básicas de comportamiento en la red, así como en diferentes casos específicos: correos, foros, redes sociales...

→ MEJÍA Llano, J.C.: *21 consejos de marketing en Instagram: estrategias probadas para el éxito de tu marca.* Disponible en web: <http://www.juancmejia.com/redes-sociales/21-consejos-de-marketing-en-instagram-estrategias-probadas-para-el-exito-de-tu-marca/>.

> Artículo muy completo sobre las posibilidades que ofrece *Instagram* en una estrategia de *marketing* y cómo ponerlas en práctica.

→ MESA Martínez, J.: *Manual de protocolo empresarial: contenidos y pasos de elaboración.* Disponible en web: <http://blog.grupo-pya.com/manual-de-protocolo-empresarial/>.

> Completo artículo en el que se habla del protocolo empresarial y cómo debe ser, así como se detalla la elaboración de un manual de protocolo empresarial.

→ PARERA, E.: *Guía introductoria sobre publicidad en Internet: por qué la necesitas, qué opciones tienes y 10 consejos para conseguir los mejores resultados*. Disponible en web: <https://postcron.com/es/blog/publicidad-en-internet/>.

> Guía muy completa sobre los distintos tipos de publicidad que se pueden hacer en la web, cuáles son las características de cada uno y para qué se pueden utilizar.

→ RAMIREZ, F.: *Las relaciones públicas y el marketing: la pareja perfecta*. Disponible en web: <https://www.merca20.com/las-relaciones-publicas-y-el-marketing-la-pareja-perfecta/>.

> Interesante artículo sobre la relación entre las relaciones públicas y el *marketing,* y sobre por qué se necesitan la una a la otra para funcionar a la perfección.

→ REDACCIÓN: *Las 5 mejores plataformas para crear Blogs*. Disponible en: <https://www.antevenio.com/blog/2016/05/5-plataformas-para-crear-blogs/>.

> Artículo en el que se detallan las mejores herramientas para crear blog empresariales y sus características.

→ REDACCIÓN PROTOCOLO Y ETIQUETA. ¿Qué es el protocolo? *Su aplicación. Oficial y social*. Disponible en web: <https://www.protocolo.org/social/etiqueta-social/que-es-el-protocolo-su-aplicacion-oficial-y-social.html>.

> Completo artículo sobre el protocolo y sus tipos, y sobre cómo se aplica cada uno de ellos.

→ ROSALES, A.: *Del marketing 1.0 al marketing 3.0*. Disponible en web: <http://www.funkymk.com/del-marketing-1-0-al-marketing-3-0/>.

> Artículo muy interesante sobre la evolución del *marketing* y las principales diferencias entre una etapa y otra.

→ RUIZ Sánchez, L.I.: *El protocolo en la empresa*. Disponible en web: <https://www.protocolo.org/laboral/empresarial/el-protocolo-en-la-empresa.html>.

> Interesante artículo en el que se detalla lo que es el protocolo empresarial y en qué ámbitos de la empresa este se ve reflejado.

→ SAN ROMÁN, P.: *Qué es una Fan Page + 11 ventajas que ofrece para tu empresa*. Disponible en web: <https://www.paulasanroman.com/ventajas-fanpage-empresas/>.

> Artículo que explica los motivos por los cuales es interesante contar con una fan page en *Facebook* de un negocio.

→ VV. AA.: *The Cluetrain Manifesto.* Disponible en web: <http://www.cluetrain.com>.

> Página web oficial del Manifiesto Cluetrain en la que se detallan todas las conclusiones de este documento y demás información relacionada.

→ WEB EMPRESA. *¿Qué es WordPress?* Disponible en web: <https://www.webempresa.com/wordpress/que-es-wordpress.html>.

> Completa guía sobre qué es *WordPress* y su funcionamiento. Se explica paso a paso todo lo que esta plataforma ofrece.

→ ZARATE, J.: *Community Manager: 20 maneras de sacarle provecho a LinkedIn.* Disponible en web: <https://www.webespacio.com/community-manager-sacarle-provecho-linkedin/>.

> Interesante artículo sobre consejos para sacarle el máximo partido a *LinkedIn*.